MANUEL

DE

DROIT DE L'ÉTRANGER

EN

ANGLETERRE

PAR UN JURISCONSULTE.

PARIS,

VIDECOQ, FILS AÎNÉ

Libraire de la Cour de cassation

RUE SOUFFLOT, 1
près l'École de Droit.

LONDRES,

DELIZY AND Cᵒ

Foreign booksellers

13, REGENT STREET
St-James's.

1852.

MANUEL

DE

DROIT DE L'ÉTRANGER

EN

ANGLETERRE.

PARIS

TYPOGRAPHIE DE WITTERSHEIM

RUE MONTMORENCY, 8.

MANUEL

DE

DROIT DE L'ÉTRANGER

EN

ANGLETERRE

PAR UN JURISCONSULTE

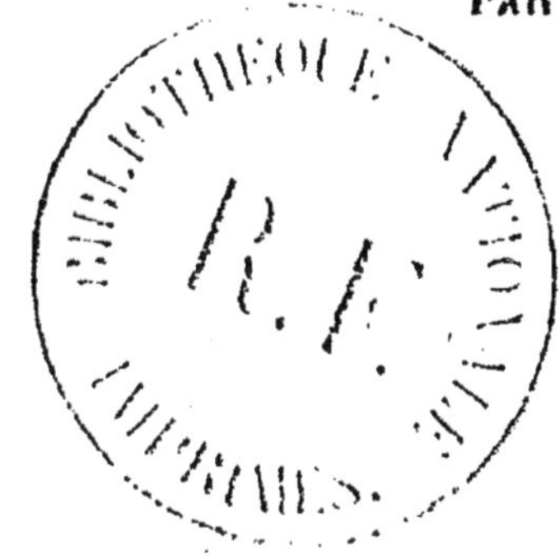

<table>
<tr><td>

PARIS,

VIDECOQ FILS AÎNÉ

Libraire de la Cour de cassation

RUE SOUFFLOT, 1
près l'École de Droit.

</td><td>

LONDRES,

DELIZY AND C°

Foreign booksellers

15, REGENT STREET
St-James's.

</td></tr>
</table>

1852.

PRÉFACE.

Tout individu sur le sol étranger, soit qu'il y ait formé un établissement ou fixé sa résidence, soit qu'il n'y fasse qu'un séjour, est préoccupé de la pensée de connaître l'étendue des droits civils qui lui sont accordés dans ce pays.

Est-il seulement protégé par les lois de police et soumis à leur action; peut-il y posséder des meubles et des immeubles; de quelle manière les jugements et les actes étrangers y sont-ils exécutés; le débiteur étranger a-t-il à redouter la contrainte par corps; le droit d'aubaine y est-il aboli comme en France; l'enfant étranger qui y reçoit le jour est-il de la nation, à la condition de faire une déclaration de volonté à sa majorité, ainsi que le prescrit l'article 9 du code Napoléon; les maisons de commerce qu'il y établit lui enlèvent-elles sa nationalité, ou la lui conservent-elles avec une entière indépendance?

Ce sont des questions graves qu'on doit se poser et que les gouvernements surtout ont mission de chercher à résoudre pour éclairer leurs sujets, car leur solution est souvent difficile à obtenir dans le pays même, tellement les sources auxquelles il faut recourir ont peu de précision et de stabilité.

En Angleterre, le droit concédé aux étrangers a varié d'une manière notable : dans l'origine de la monarchie, ils n'y étaient reçus qu'à des conditions rigoureuses, et les Anglais jaloux de leurs droits, refusant d'en partager l'exercice avec eux, les assujettissaient à des obligations ou les soumettaient à des exclusions que le Parlement, sous les règnes les plus récents, a senti la nécessité de modifier.

Cependant tous ces statuts, et entre autres celui de la Reine Victoria du 6 août 1844 (7e et 8e années, chapitre 66) qui donne sur ce sujet l'état actuel de la législation, font encore des réserves qui se ressentent, à notre point de vue, d'une sorte de restriction qu'expliquent au reste suffisamment les usages traditionnels, dont une nation ne peut entièrement se dépouiller.

Ainsi se trouve reproduite la distinction entre l'étranger *ami* ou *ennemi*, selon que sa nation est en guerre ou en paix avec l'Angleterre, distinction d'après laquelle l'étranger ennemi est mis en quelque sorte hors de la loi commune.

Telle est encore l'interdiction, dont est frappé tout étranger, de posséder en Angleterre des immeubles et d'exercer aucun droit réel, si ce n'est pendant un espace de vingt et un ans.

La naturalisation enfin, qui assimile dans tous les pays l'étranger à l'indigène, et le fait entrer dans une nouvelle patrie qui l'adopte, ne lui donne pas le droit d'être membre du Parlement ni du conseil privé, à moins de cas rares et spéciaux, comme celui du prince Albert ; tant il est vrai que la nationalité anglaise veut se suffire à elle-même, et repousse tout emprunt dont elle paraît se méfier.

Cependant il faut dire que cette grande nation qui, depuis 1688, a montré qu'elle savait si bien se gouverner avec ses seuls nationaux, a accordé à l'étranger ami quelques-uns des droits civils dont jouissent les indigènes, mais jamais les droits politiques; toutefois elle maintient tous les droits de l'indigénat à ceux qui sont nés sur son sol : on peut prendre, pour exemple, l'enfant né de parents étrangers en Angleterre, qui à sa majorité n'est pas tenu de faire, comme en France, une déclaration motivée. Quant à la femme anglaise qui épouse un étranger, les enfants qu'elle a eus à l'étranger ont des droits particuliers sur les propriétés immobilières de leur mère, dont ils ne jouiraient pas si leur mère n'était pas Anglaise, aux termes du statut 7 et 8, de Victoria, chap. 66, §§ 3; cependant sous le rapport de l'indigénat et des droits politiques, ils sont considérés comme étrangers (1).

On verra par l'intitulé des chapitres qui tracent la division de cet ouvrage, que nous avons cherché à comprendre tous les points qu'il importe essentiellement à l'étranger de connaître, pour le diriger dans les actes les plus intéressants de son existence civile et industrielle en Angleterre.

______

(1) Voir le jugement de lord Kenyon, dans la cause Duroure et Jones, 4, term. R., 508.

MANUEL DE DROIT

DE

ÉTRANGER EN ANGLETERRE.

CHAPITRE PREMIER.

De l'Étranger.

Section 1re. — *Des droits de l'étranger.*

1. La loi anglaise entend par *étranger* l'individu né
dans un pays étranger, de parents étrangers, et non soumis
à suzeraineté du roi (1).

2. L'Anglais qui a prêté serment comme sujet d'un État
étranger, ou qui y a pris du service, ne perd pas sa qualité :
Nemo potest exuere patriam, » suivant la maxime anglaise.

3. Sont *sujets naturels nés :*

1° Les enfants nés de parents dont le lieu de la naissance

(1) Co. : Lit : 129. A. Stephens, vol. 1, p. 392.

est sous la domination du roi, lors même que les parents seraient étrangers (1);

2° Les enfants *légitimes* de père et mère anglais nés à l'étranger;

3° Les enfants légitimes nés à l'étranger d'un père anglais et d'une mère étrangère.

L'enfant d'une Anglaise mariée à un étranger et né à l'étranger n'est pas anglais, mais il a les droits d'un Anglais sur les immeubles de sa mère en Angleterre (2);

4° Ceux qui, pourvu qu'ils soient protestants, ont habité ou résidé dans les colonies américaines pendant sept ans consécutifs, ne s'étant pas absentés au-delà de deux mois (3);

5° Les étrangers protestants qui ont servi dans la marine anglaise pour la pêche pendant trois années de suite, sans s'être absentés plus de douze mois dans cette période de temps (4);

6° Les étrangers protestants ayant servi pendant deux ans dans le régiment royal américain, ou comme ingénieurs en Amérique (5);

(1) Ils ne sont pas tenus, à leur majorité, comme en France, de faire la déclaration prescrite par l'art. 9 du Code Napoléon.

(2) 7 et 8, Vict., ch. 66, § 2.

(3) Stat. 13, Georges II, ch. 7. — Stat. 20, Georges II, chap. 44.

(4) Stat. 22, Georges II, ch. 45. — Stat. 28, Georges II, chap. 20. Stat. 8, Georges III, chap. 9.

(5) Stat. 2, Georges III, ch. 25.

7° L'étrangère mariée à un Anglais, qui suit la condition de son mari (1).

4. Est étranger :

1° L'enfant d'un Anglais qui a perdu sa qualité, ce qui ne peut arriver que par acte du parlement ou par traité, comme dans le cas des colonies américaines séparées de la métropole (2);

2° Tout individu né de parents étrangers dont le lieu de la naissance n'est pas sous la domination du roi.

5. Les étrangers sont *amis* ou *ennemis*.

L'étranger *ami* : est celui dont l'État est en paix avec l'Angleterre; il est assimilé au sujet naturel né, et jouit de tous les droits, sauf les droits politiques, dont les Anglais sont jaloux à si juste titre, et sauf la faculté de ne posséder des immeubles (3) ou d'exercer des droits réels que pendant un espace de temps déterminé (4).

Les étrangers *ennemis*, sont :

(1) Stat. 7 et 8, Vict., ch. 66, § 16.
(2) Stat. 22, Georges III, ch. 46.—Traité du 3 sept. 1783.
(3) Par *immeubles* et par *droits réels* il faut entendre ici un simple droit de possession ou d'usufruit, comme celui d'un locataire ou d'un usufruitier, et non un droit de propriété. C'est le *Jus ad rem* et non le *Jus in re* des Romains.
(4) Art. 4 et 5, stat. 7 et 8, ch. 66, Victoria. Ces deux articles, par l'expression répétée d'*étrangers amis*, paraissent admettre implicitement la distinction, qu'on pourrait croire surannée, d'*amis* ou d'*ennemis*.

1° Ceux dont l'État est en hostilité déclarée avec l'Angleterre (1) ;

2° L'Anglais domicilié dans le pays ennemi, et qui y exerce un commerce (2).

6. Ils ne peuvent ester en justice (3) ni invoquer l'acte d'*habeas corpus* (4), ni faire déclarer leur débiteur en faillite, ni exercer aucun commerce à moins de licence expresse du roi (5). Le contrat passé avec eux pendant l'état d'hostilité, est même nul (6) ; s'il a eu lieu avant la déclaration de guerre, l'exécution en est suspendue (7). Il leur est interdit également de céder une patente ou un droit de propriété littéraire (8), ni de tester ou de recevoir par testa-

(1) Anon., Cro., Elis., 142.—Brasks, v. Philipps, Cro., Eliz., 683.

(2) M. Connell, v. Hector Bos. et Puller, vol. 3, p. 113. Lord Alvanley, l'un des juges dans cette cause, a déclaré que le domicile eu pays ennemi était quasi-trahison.

(3) Anon., 2, Black, rép., 1324, Litt., 129 *a*. Toutefois, à la note 3 de ce passage, il est dit qu'en déclarant la guerre le roi peut permettre aux sujets ennemis de résider dans le royaume ; ils sont alors assimilés aux étrangers amis.

(4) La loi anglaise entend par *habeas corpus* le droit qu'a tout individu arrêté de se faire conduire devant les tribunaux, pour y demander la cause de son arrestation. Black, Com. : vol. 1, p. 134, édit. de 1809.

(5) Potts c. Bell, 8, term., Rép., 548, Wool.—*Lois commerciales d'Angleterre*, p. 104 et suiv.

(6) Wilson c. Pattson, 7, Taunt, R., 439.—Evans, v. Richardson, Mer, 469.

(7) Gibbo. —Antoine, v. Morshead, 1, Marshall, 561.

(8) Brandon et Wesbill, 7, T. R., 23.—260, Jarman ou conversan.—Cing, 3⁰ éd., vol. 7, p. 538.

ment, d'être tuteur, exécuteur testamentaire ou administrateur, à moins de résidence avec licence du roi (1); cependant s'il est marié à une femme anglaise, il est autorisé à
gérer la tutelle de son enfant, s'il n'y a pas de circonstances
qui s'y opposent (2).

Section 2ᵉ. — *Des devoirs de l'étranger.*

7. L'étranger qui réside en Angleterre est soumis à toutes
les lois civiles, criminelles et de police; il profite de toutes
les amnisties comme les sujets anglais (3).

8. Il est soumis également aux lois sur les banqueroutes,
et peut en réclamer tous les bénéfices (4).

9. Sa seule qualité d'étranger ne le rend pas provisoirement contraignable par corps, comme en France (loi du
17 avril 1832). Cependant, il peut être arrêté pour une
dette emportant contrainte par corps, contractée à l'étranger envers un Anglais ou un étranger, alors même que la
loi du pays auquel appartient l'étranger n'admettrait pas la

(1) Williams on executors, 3ᵉ éd., p. 10.
(2) The King, v. de Manneville, 5ᵉ Easi, 221.
(3) Wood, 379, Jast Crolaws, 185, 1, Hawk, pl. c., 17, § 5, sect. 32,
Henry VIII, ch. 6, nᵒ 9.
(4) 12 et 13, Vict., ch. 106, § 277. — En 1849, toutes les lois
relatives aux banqueroutes ont été réunies en un seul statut qui
forme une sorte de Code sur la matière. L'art. 277 est ainsi conçu :
« Le présent acte s'appliquera aux étrangers et aux denizés tout
à la fois.

réciprocité. On peut obtenir en outre un writ *ne exeat* (défense de sortir du royaume); c'est la cour d'équité qui prononce dans ce cas. Cette défense de sortir du royaume n'est ordinairement accordée que lorsqu'il s'agit d'affaires de succession, de commerce, de redditions de compte, ou en cas de soupçons graves de fraude; cependant la personne arrêtée peut obtenir sa liberté en donnant caution (1). Lorsque la dette est inférieure à 20 liv. sterl. la contrainte par corps ne peut être exercée, même à l'égard des étrangers (2). Cependant, à défaut de payement, le juge peut ordonner l'exécution de son jugement par la voie de l'emprisonnement dont la durée ne doit pas excéder quarante jours (3).

La compétence des cours inférieures appelées cours de comtés, établie pour juger les demandes s'élevant à 20 liv. et au-dessous, a été portée à 50 liv. (4).

10. Il ne fait point partie d'un jury appelé à juger un Anglais à moins qu'il ne soit naturalisé (5).

Mais il a le droit de demander que le jury appelé à statuer sur son sort en matière criminelle soit composé *de medietate linguæ* (6), c'est-à-dire, de six indigènes et de six étrangers, ses compatriotes ou non.

(1) Lavega, v. Viarma, 1, Bain et Ad., 284.—Steeck, v. Haleu, 1, Jac et Walker, 405.
(2) Stat. 9 et 10, Vict., ch. 95.—11 et 13, Vict. ch. 101.
(3) Stat. 9 et 10, Vict., ch. 95 et 99.
(4) Stat. 14 août 1850.—13 et 14, Vict., ch. 61.
(5) Broocksabri, verb., Deinzen et Alex., f° 214, Par. 2.
(6) St. 6, q. 4, ch. 50, n° 47, 22 juin 1824.

11. Il lui est interdit de posséder aucun bénéfice ou aucuns biens ecclésiastiques, sans permission du roi (1).

12. Il ne jouit d'aucun droit politique, si ce n'est dans le cas de naturalisation, et encore ce droit est-il limité dans sa généralité, c'est-à-dire que, même naturalisé, il ne peut être membre ni du parlement ni du conseil privé (2).

13. Son témoignage doit être reçu devant les cours de justice ou d'équité, suivant son rite religieux. S'il est assigné pour venir de l'étranger, il a droit à des indemnités de route et de séjour (3).

14. Il lui est permis, maintenant, de posséder des vaisseaux anglais enregistrés (4), ce qui lui était interdit autrefois.

15. Dans le cas où un étranger est frappé d'aliénation mentale, une commission pourrait-elle être nommée par le lord chancelier pour gérer ses biens et sa personne comme s'il était anglais? La jurisprudence n'a pas encore résolu cette question; mais on pense que le lord chancelier, représentant le roi, qui est *parens patriæ*, pourrait désigner une commission à cet effet (5).

16. Le statut 7 et 8 de Guillaume IV, chap. 11, obligeait l'étranger à son arrivée en Angleterre de déposer son passe-

(1) Stat. 2, Richard, 2, ch. 2 et 12, § 1, Henry V, ch. 7.
(2) Stat. 7 et 8, Vict., ch. 66, § 6.
(3) 1 Marsh, 536.—6, Taunt., 88, 55.—7, Bing, 729.
(4) Stat. 7 et 8, Vict., ch. 66.
(5) Stock on lunacy, page 94.

port entre les mains de l'officier du port; le chef d'un navire était également tenu par ce statut de déclarer le nom
de tous les étrangers qu'il avait à son bord, et d'en retirer
un certificat, qu'il devait remettre lors de son départ.

Mais ces formalités, quoique non abrogées législative-
ment, ne sont plus observées maintenant; leur application
serait impossible, aujourd'hui que la facilité et la multiplicité
des communications avec le continent a rendu les relations infinies : c'est ce que le rapport du comité de la
chambre des communes du 20 juin 1843 a établi.

17. Le gouvernement a le droit d'expulser les étrangers
du royaume, pendant un temps déterminé, quand le parlement l'y autorise (1).

(1) Acte du parlement, du 17 juin 1848, qui suspend l'*habeas
corpus* pendant un an.

CHAPITRE DEUXIÈME.

Des droits personnels et réels ou immobiliers de l'Étranger.

1. Le statut 7 et 8, chap. 66 de Victoria (6 août 1844), a considérablement simplifié la situation de l'étranger, en l'admettant comme pouvant posséder des biens mobiliers et avoir des droits limités sur des immeubles ; autrefois, il était frappé de l'interdiction la plus gênante. Le statut de la reine a été plus libéral et plus conforme aux principes du droit international, quoiqu'on y trouve encore quelques traces du souvenir ancien.

2. L'étranger ami peut donc maintenant posséder des biens *personnels, corporels* et *mobiliers,* sans aucune restriction, les léguer et les recevoir à quelque titre que ce soit comme un indigène (1).

A sa mort, s'il décède *ab intestat,* ses biens sont régis et partagés selon la loi de son pays (2), s'il y a conservé son domicile et l'intention d'y retourner.

(1) Art. 4, § 7 et 8, Vict., ch. 66.
(2) Story's conflict of laws, p. 272, 273, 275. Jugement de lord Mansfield. Robinson, V. Bland, 2, Burr., 1079, Jerqusson, Mariage et Divorce, 307. Duncan et Campbell, 616.

3. Tout testament d'un étranger, même fait à l'étranger, doit être prouvé en justice, lorsqu'il existe des biens en Angleterre ; ce testament est soumis aux droits de vérification (1).

4. Un droit de legs est dû pour les biens légués par un étranger domicilié en Angleterre, lors même qu'ils seraient situés en France ; mais s'ils ont été transmis par un étranger domicilié à l'étranger, après institution de légataires et d'exécuteurs testamentaires anglais, les biens ainsi légués et situés en Angleterre ne seront point soumis au droit de legs (2).

5. Quant aux *biens immobiliers*, les étrangers amis peuvent en posséder dans un but de résidence ou de commerce, mais pendant vingt et un ans seulement.

L'art. 5 du statut est ainsi conçu : « L'étranger rési-
» dant dans le Royaume-Uni et *sujet d'un état ami* pourra,
» par suite de concession, bail, bail à long terme, vente,
» legs, représentation ou autrement, prendre et posséder
» des terres, maisons ou héritages dans un but de résidence
» ou d'occupation, soit par lui-même, ou par ses serviteurs,
» ou dans un but de commerce ou de fabrication, pour un
« bail n'excédant pas vingt et un ans ; les droits de l'étran-

____

(1) Re Bruce, 2, Cromp et Jarv, 451, et Williams on executors, p. 269 et suiv.

(2) 2 Crompt. et Jarv. 436. — Williams on executors, 2 vol., . 1288.

» ger, sous tous ces rapports, sont aussi complets, aussi
» positifs, ainsi que ses actions, exceptions et priviléges, que
» ceux du sujet naturel né du Royaume-Uni ; cependant, il
» ne peut voter aux élections des membres du parlement. »

Ainsi, pour pouvoir posséder des immeubles, pendant vingt et un ans seulement, l'étranger doit être sujet d'un État ami et résider dans le royaume; ce sont les deux conditions indispensables.

Il ne peut donc tenir à bail, affermer et céder son privilége (1) que pour vingt et un ans ; ses héritiers mandataires n'ont de droit, sur tout ce qui tient aux droits réels, que pour le temps de la jouissance qui reste à courir pour accomplir cette période depuis le jour de son décès.

6. Après l'expiration de ces vingt et une années le propriétaire reprend sa propriété.

7. L'étranger artisan, que l'État a intérêt à protéger et à attirer, a le droit de tenir magasin, de louer boutique, etc.; mais toujours pour vingt et un ans.

8. Les descendants des étrangers nés en Angleterre sont anglais ; ils ont par conséquent plus de droits que leurs

(1) Cependant l'étranger a le droit de prêter sur hypothèque dan^{s} les Indes occidentales, en vertu du stat. Georges III, ch. 14; et les jurisconsultes anglais pensent qu'il peut même prêter sur hypothèque en Angleterre, par l'intermédiaire d'un fidéicommissaire ; c'es^{t} une question trop grave et même inutile à traiter dans un manuel.

auteurs; les descendants d'étrangers établis en Angleterre nés à l'étranger n'ont que lés droits de leurs auteurs : on a vu en effet que la qualité d'anglais est attachée à la naissance sur le sol britannique.

CHAPITRE TROISIÈME.

De la femme étrangère.

1. La femme anglaise mariée à un étranger qui n'a jamais été en Angleterre est considérée comme femme non mariée (as a « *feme sole* »); elle ne perd pas sa nationalité. Elle peut posséder ou louer des immeubles, recueillir ou léguer des droits immobiliers, sans qu'il soit besoin de l'assistance de son mari, et sans que la signature de celui-ci puisse valider ses actes ou l'engager sous ce rapport. L'Anglaise qui a épousé un étranger doit être considérée comme femme non mariée (1). « Si le mari n'a jamais été » dans le royaume, la femme d'un étranger peut être » assignée comme femme non mariée (2). La femme mariée » en Angleterre peut être réputée femme non mariée, si » le mari a abdiqué le pays, ou s'il est exilé et ne peut y » revenir (3). »

(1) Hansard, *a treative ou the law relatingts aliens*, p. 49.
(2) Kuy C. duch. de Pienne, 3e vol., Campbell, p. 124. — Duch. de Mazarine.
(3) Walfort C. duch. de Pienne, 2, Epinasse, N. P. C , p. 554.

2. Lorsque le mari étranger est domicilié en Angleterre, et meurt *ab intestat*, sa femme, si elle est anglaise, ne perd pas sa nationalité, et elle a sur ses biens personnels et mobiliers les mêmes droits que si son mari était anglais, c'est-à-dire qu'elle a le tiers, s'il laisse des enfants, et la moitié s'il n'en laisse pas (1).

Mais s'il est domicilié à l'étranger, les propriétés personnelles et mobilières dont se compose sa succession sont régies par la loi de son pays.

3° La femme étrangère mariée à un étranger domicilié en Angleterre a les mêmes droits qu'une femme anglaise sur la succession mobilière de son mari.

(1) Stat. de distribution. 22 et 23, Charles II, ch. 10, expliqué par Testat. 29, ch. 11, c. 30.

CHAPITRE QUATRIÈME.

Du droit de l'étranger d'ester en justice.

1. Si l'étranger est ami, il peut ester en justice, soit comme demandeur, soit comme défendeur ; seulement s'il s'agit de ses droits réels, son action est limitée à sa possession de vingt-un ans (1).

2. Lorsque l'étranger appartient à une nation ennemie, il ne peut ni intenter, ni soutenir aucune instance en justice, ni se faire représenter.

S'il forme une action, il peut être repoussé par l'exception d'*aliénage*, qui doit être prouvée et opposée *in limine litis* (2).

3. Ces incapacités cessent cependant, si l'étranger a obtenu une licence, émanée de la couronne, de résider et d'exercer le commerce dans le Royaume-Uni ; mais il faut

(1) Art. 5, stat. 7 et 8, ch. 66, Vict.
(2) Vinners, abri rit alieu, Casseres C. Bell., 8 term., rep. 166. Brookes, verb. 64.

alors qu'il se conforme aux limites prescrites dans l'acte dont il est l'objet, qu'il n'ait pas quitté l'Angleterre ou ses possessions, et qu'il justifie de sa licence à toute réquisition (1).

4. L'étranger ennemi ne peut non plus faire aucune assurance mobilière ou immobilière avec un indigène, ni réclamer l'exécution des polices (2).

5. Cependant, si la guerre éclate après les contrats passés ou après les arrêts ou verdicts prononcés, leur exécution doit avoir lieu parce que ce sont des faits accomplis et que la date de l'acte en fixe les effets (3).

6. La guerre suspend et ne détruit pas l'exercice des droits : ainsi le billet souscrit par des Anglais au profit d'un étranger ennemi, même en pays ennemi, est valable et son exécution peut être poursuivie après la cessation des hostilités (4).

Si l'étranger a établi sa résidence en Angleterre avant la guerre, le gouvernement ne peut s'emparer de ses propriétés (5).

(1) Boullon C. Dobree. 2, comp. 163, Alciator C. Smiths, 3, amp. 215, Jeuk, 130, pl. 64.

(2) Marshall, sur les assurances. vol 1, p. 30 et suiv., Gilt c. Muson, 1, term., Rép. 84.

(3) Vaubryneu c. Wilson, 9, East 321. — Flindt. c. Waters, 15, East 260.

(4) Antoine c. Morshead, 1er mars, 561, Brookés property, pl. 38, et plus haut, ch. 1er, sect. 1re.

(5) *Ibid.* Voir aussi l'art. 30 de la grande charte Henry III.

Quoique non résidant en Angleterre, l'étranger ami peut se plaindre en diffamation (1).

7. La caution *judicatum solvi* ne doit être fournie par l'étranger ami qu'autant qu'il n'est pas domicilié dans le Royaume-Uni.

Par domicile, la loi anglaise entend le lieu où tout individu, anglais ou étranger ami, exerce un état ou une profession quelconque, ou le lieu où il a établi sa principale résidence (2).

8. L'étranger neutre est assimilé à un ami ; ainsi l'assurance qu'il a faite de ses marchandises dans un port ennemi est valable (3).

9. Les contestations élevées sur les droits ci-dessus, relatifs au droit commun, sont portées devant la cour du banc de la reine, ou la cour des plaids communs, ou devant la cour de l'échiquier ; mais *les procès* d'équité sont jugés par la haute cour de chancellerie, présidée par le lord chancelier, le maître des rôles ou l'un des trois vice-chanceliers.

10. Les étrangers ennemis ne peuvent être associés d'une maison de commerce anglaise à moins de licence (4).

(1) Pisany c Lawsen, 8 Scott, 182.
(2) Story's conflict and laws. — ch. 3, p. 45 et suiv.
(3) Bromby C. Hesseltine, 1, camp. 75, Barber c. Blakes, 4, East 283. Roseh c. Edie, 4 (T.) R. 413.
(4) M. Connel c. Hector, 3 B. et P. 113.

11. Ils n'ont de droit sur les marchandises consignées en Angleterre, que si elles ont été envoyées avec une licence ou pendant la paix (1).

12. L'Anglais ne peut demander la mise en faillite de l'Anglais domicilié en pays ennemi, à moins que celui-ci n'ait été autorisé à y résider (2).

(1) Dowling et Rylauds, reports v. 8, p. 1, — 13, ves. 71, Ogden c. Peale.
(2) M. Connel c. Hector, 3, Bos. et Pull., 113, de Melton c. Mello, 12, East 234, 8 East 275.

CHAPITRE CINQUIÈME.

De l'exécution des actes ou des jugements étrangers en Angleterre.

1. On ne peut procéder en Angleterre à l'exécution d'un jugement rendu en pays étranger. Ce jugement n'est considéré que comme une réserve de la demande, et encore cette preuve perd-elle toute son autorité et sa valeur si le défendeur établit que ce jugement est contraire au droit des gens (1) ou à la justice naturelle (2) ou aux lois anglaises (3) ou s'il est en opposition avec la loi du pays où ce jugement a été rendu, ou si ses dispositions sont tellement inconciliables qu'il soit impossible de reconnaître celles sur lesquelles la décision est intervenue (4), ou s'il repose sur des faits qui ne justifient pas les conclusions (5), ou enfin s'il est par défaut.

(1) Baring c. Clagett, 2, Bos. et Pull., 215.
(2) Ferqusson c. Mahon, 11, Adolphus c. Ellis, 181.
(3) Novelli c. Rossi, 2, Barmwell et Adolphus, 757.
(4) Obicini c. Bligh, 8, Bingham, 1335.
(5) Zalvert c. Bevill, 7. T. R. 523. Voir aussi le jugement rendu par lord Brougham dans l'affaire Houlditch C. Donegal, 8, Bligh, new.. rep., p. 338.

2. Quant aux actes, il n'y a pas à proprement parler d'actes authentiques en Angleterre, puisque tous les actes, même les plus solennels, sont des actes sous signatures privées. On ne peut obtenir en Angleterre l'exécution d'aucun acte authentique étranger ni d'un jugement étranger sans recourir aux cours anglaises (1).

3. Les sujets des États régis par le code civil des Français sont-ils tenus de suivre les prescriptions de ce Code, en ce qui concerne la forme des donations entre vifs et des actes sous signatures privées?

Il est de principe en France que les actes étrangers revêtus des formes prescrites dans les lieux où ils ont été passés sont valables, pourvu qu'ils ne s'attachent pas à la capacité personnelle des contractants, et que leurs signatures soient légalisées par l'agent consulaire. La règle *locus regit actum* est toute puissante (2). Ces actes feront donc preuve des énonciations qui y sont contenues comme les actes français.

Dès lors un acte synallagmatique, quoique fait en un seul original, comme le veut la loi anglaise, sera reconnu valable en France.

(1) Pour bien comprendre la différence entre un acte authentique français et un acte solennel anglais, voyez Blackstone, vol. 2, p. 295 et suiv.

(2) Duranton, vol. 9, n° 14. — Toullier, t. 10, n° 86. — Troplong, Priv. et Hyp., t. 2, n° 511.

Il en est de même des donations entre vifs, pourvu qu'elles soient revêtues des formalités qu'exige la loi en Angleterre ; seulement il faut que ces donations soient acceptées. On se fonde sur ce motif : que la solennité de l'acte n'est pas une de ces formalités destinées à constater la vérité de l'acte pour lesquelles on suit la loi du pays où l'acte est passé, mais que l'acceptation est une formalité qui tient à la substance du contrat (1).

4. Quant aux testaments, l'art. 999 du code Napoléon contient une disposition qu'il suffit de transcrire :

« Un Français qui se trouvera en pays étranger pourra
» faire ses dispositions testamentaires par acte sous signa-
» ture privée (*olographe*) ou par acte authentique avec les
» formes usitées dans le pays où cet acte sera passé. »

5. Toutefois les actes passés à l'étranger ne lient pas le Français qui n'y a pas concouru. Ainsi le concordat consenti en Angleterre par tous les créanciers présents du failli, ne peut être opposé au créancier français absent, quoique ce concordat eût été homologué en justice (2).

6. Quand il s'agit de divorce : s'il était prononcé dans un pays où il est admis, l'étranger divorcé ne pourrait se

(1) La Cour d'appel de Paris, 21 décembre 1811, a décidé qu'une donation rémunératoire, faite en pays étranger, ne pouvait avoir d'effet en France, si elle n'avait pas été acceptée, lors même qu'un tiers aurait été nommé, conformément au statut local, pour représenter le donataire absent. (Légat c. des étrangers.)
(2) Cour de Paris, 25 février 1825.

remarier en France (1). Il faut dire aussi que le mariage entre Français ne serait pas dissous par un divorce prononcé en Angleterre, par suite de l'application qui doit toujours être faite du statut personnel.

(1) Cour de Paris, 3 août 1834.

CHAPITRE SIXIÈME.

De la denization et de la naturalisation.

1. La *denization* est accordée par la Couronne.

Elle a pour effet de donner à l'étranger la jouissance et l'exercice de certains droits civils, moins étendus que ceux résultant de la naturalisation (1).

Ces droits sont spécifiés dans les lettres patentes et déterminent les priviléges concédés ; ils peuvent être limités à un seul but, comme d'ester en justice.

2. Le denizé doit toujours prêter serment d'allégeance (2).

(1) Blacks, Com. 374, p. 13. Calvin, 1, case, 7, rép. 25, B. Co. : Littleton, 129, A et B. — Comm. digest., v. alien. letter D., p. 550, 551.

(2) *Ibid.* Quoique le statut 7 et 8, ch. 66 de Vict. ne s'occupe que

Il a le droit de voter à l'élection des membres du parlement.

3. Les droits qu'il faut payer pour obtenir les lettres patentes, dans ce cas, sont portés à un prix élevé (1), 120 livres sterling.

4. La *naturalisation* s'obtient, de la part de l'étranger, en présentant une requête au ministre de l'intérieur ; elle doit contenir son nom, son âge, sa profession, la durée de sa résidence dans le Royaume-Uni, les motifs de sa demande, son intention de fixer en Angleterre une résidence permanente, continue, enfin la mention qu'il est marié, et s'il a des enfants. Il produira une attestation (*affidavit*) d'un magistrat, établissant ces faits, et une déclaration de quatre maîtres de maison au moins, pour constater sa probité, et la vérité des faits qu'il allègue.

5. Le ministre, après une enquête préalable, lui délivre, s'il y a lieu, un certificat qui l'autorise à jouir de tous les

de la naturalisation, cependant, comme il n'abroge pas la denization, les dispositions qui la régissent sont encore en vigueur ; toutefois les avantages dont ce statut admet les étrangers amis à jouir semblent rendre ce mode de quasi-naturalisation inutile.

(1) Rapport du comité des communes qui a précédé les sta. et 8, chap. 66 de Vict.: on proposait de réduire ces droits.

droits de sujet naturel né, à l'exception de la faculté d'être membre du conseil privé et du Parlement, et d'autres droits spécifiés selon les cas (1).

Ce certificat devra être enregistré à la haute cour de chancellerie et sera public ; l'impétrant, dans les soixante jours à partir de la date de ce certificat, prêtera serment d'allégeance devant l'un des juges de cette cour, c'est-à-dire qu'à partir de ce jour il jouira de ces droits (2).

6. Les frais pour obtenir des lettres de naturalisation sont peu coûteux ; d'après les statuts 7 et 8 de *Victoria,* ils sont d'environ trente livres sterling, sauf les droits de l'agent si on veut y recourir ; probablement, les avantages accordés aux étrangers vont diminuer le nombre des naturalisations, car, hors le droit de voter aux élections et de posséder des immeubles indéfiniment, et d'élire les membres du parlement et du conseil privé, les étrangers jouissent des mêmes droits que le naturalisé.

7. Les naturalisations accordées dans les colonies, en vertu de la législation qui les régit, ne peuvent s'étendre

____

(1) Art' 7 et 8, stat. 7 et 8, ch. 66, Vict., réglement du ministre de l'intérieur du 28 novembre 1845.

(2) Art. 7, 10 et 11, Vict. La formule du serment est énoncée à l'art. 10 dudit statut.

à la métropole ; *le statut du 6 août 1844 de Victoria*, destiné à modifier les lois sur les étrangers, ne leur est point applicable (1).

(1) Stat. 10 et 11, Vict., ch. 33.

CHAPITRE SEPTIÈME.

Des actes de l'État civil (des registres).

1. En Angleterre, il y a des officiers de l'état civil spécialement désignés pour recevoir les actes de naissance, de mariage et de décès, outre les ministres de la religion.

Le statut 6 et 7 de Guillaume IV, chap. 85 et 86 (17 août 1836), fixe des règles à cet égard, que l'on peut réduire à ces termes :

1° Un point central, appelé office général, est établi à Westminster ou à Londres (*Somerset house*) où tout ce qui concerne l'état civil des citoyens est résumé et réuni ; le chef est un directeur général sous la surveillance des lords-commissaires du Trésor et ayant des rapports avec ses subordonnés ;

2° Il existe pour chaque paroisse un secrétaire général, et par district, un secrétaire ;

3° Les registres sont tenus par les secrétaires de district sous la surveillance du secrétaire général de la paroisse; pour éviter tout accident, ces registres sont enfermés dans une boîte en fer, dont les secrétaires de paroisse et de district ont chacun une clef.

4° Chaque acte a un numéro distinct, et faisant suite les uns aux autres.

5° Il n'est dressé qu'un seul acte de naissance et de décès; mais les actes de mariage sont doubles, l'un d'eux reste déposé aux archives du district, et l'autre est transmis à l'ecclésiastique de la religion à laquelle appartiennent les parties (1).

6° Tous les trois mois, les secrétaires des districts envoient une copie des actes qu'ils ont inscrits, aux secrétaires généraux des paroisses, et ceux-ci les transmettent, à leur tour, à l'office général.

Les ecclésiastiques qui ont procédé à des mariages, doivent faire de semblables envois.

7° Les registres sont publics; des copies certifiées, qui font foi en justice, peuvent être délivrées à tout réclamant moyennant les droits suivants :

1° Pour les secrétaires de district ou les ecclésiastiques,
Recherche d'une année........ 1 sch. » d.
Chaque année en sus.......... »   6
Chaque copie................. 2   6

(1) Art. 30, stat. 6 et 7, Guill. IV.

2ª Pour les secrétaires généraux de paroisses,
    Recherche générale............ 5 sch.   • d.
    Recherche particulière........ 1   »
    Chaque copie................ 2   6

4° Pour le directeur général,
    Chaque recherche générale
        des tables............... 1 liv. » sch.   • d.
    Chaque recherche particulière   »   1   »
    Chaque copie.............. »   2   6 (1)

8ª Toute déclaration fausse est punie de la peine du parjure. L'officier coupable d'omission, négligence ou violation des règlements, est condamné à une amende de 50 livres sterling (2).

9° Les erreurs peuvent être rectifiées en marge de l'acte dans le mois où elles ont été découvertes, devant le secrétaire général de la paroisse, en présence des parties et de deux témoins ; les copies qui auraient été déjà délivrées seront notifiées, ou il en sera délivré de nouvelles (3).

Les témoins produits pour les déclarations à consigner sur les registres doivent être, comme dans tous les autres actes, des individus dignes de foi de l'un et l'autre sexe et en âge de comprendre ce qu'ils font ; si les déclarants et les témoins ne savent pas signer, ils font une croix, et mention en est faite.

(1) Art. 35 36 et 37, stat. 6 et 7, Guill. IV, ch. 86.
(2) Stat. 6 et 7, Guill. IV, ch. 86, 41 à 45.
(3) Art. 44, ibid.

2.

2. Aux termes des art. 47 et 48 du Code Napoléon, les actes de l'état civil des Français faits à l'étranger sont valables, pourvu qu'ils aient été rédigés dans les formes usitées dans le pays, ou s'ils ont été reçus par l'agent diplomatique ou le consul, selon les lois françaises.

Ainsi il y a deux manières de constater l'état civil des Français en pays étranger, 1° en observant les lois de la nation ; 2° en suivant les dispositions du Code français, selon qu'on s'est adressé à l'autorité locale ou à l'agent français (1).

Des actes de naissance.

3. Toute déclaration de naissance doit être faite, dans les quarante-deux jours, à l'office du secrétaire du district, et inscrite sur la réquisition qui leur en est adressée par le père, la mère ou le propriétaire de la maison où l'enfant est né (2).

L'officier surveille dans l'étendue de son district la constatation des naissances, aussitôt qu'elles ont lieu (3).

(1) Mais les agents consulaires ne peuvent procéder au mariage qu'entre Français, et non entre Français et étrangers. (L. du 10 août 1819. — Duranton, t. 2, n° 235. — Coin-Delisle, art. 48, n° 4.)
(2) Art. 20, stat. 6 et 7, Guill. IV.
(3) Art. 18, *ibid*.

4. Les actes de naissance doivent contenir : le jour de la naissance, le nom de l'enfant, son sexe, le nom de famille de la mère, les noms, prénoms, l'état et la profession du père, la signature, la résidence et l'état du déclarant, la date de l'acte, la signature du secrétaire, le nom de baptême de l'enfant, si ce nom a été donné après la date de l'acte.

5. Si la déclaration n'a pas été faite dans le délai de quarante-deux jours, elle peut être remplacée dans les six mois devant le secrétaire général de la paroisse par le secrétaire, sous la déclaration assermentée de la naissance de cet enfant par le père, le tuteur ou toute autre personne présente à cette naissance. Le secrétaire général est tenu de signer l'acte de naissance, ainsi que le secrétaire.

L'acte de naissance reçu après les quarante-deux jours ne peut faire foi en justice, s'il n'est pas signé du secrétaire général. Le retardataire est passible de 50 livres sterling d'amende (1).

Aucun acte de naissance ne peut être inscrit six mois après la naissance (sauf le cas d'un enfant né en mer) : celui qui, après ce délai, fait inscrire cette énonciation sera condamné à une amende de 50 livres sterling (2).

Le nom de baptême de l'enfant peut être inscrit dans l'acte de naissance, pourvu que ce soit dans les six mois de la date de l'inscription de cette naissance.

(1) Art. 22, Stat. 9 et 7. Guill. IV.
(2) Art. 23, *ibid.*

6. Si un enfant est né en mer d'une mère ou d'un père anglais, le capitaine du navire est tenu de rédiger un procès-verbal en minute de tous les détails ci-dessus mentionnés, avec le nom du navire sur lequel la naissance a eu lieu ; à l'arrivée du navire dans le Royaume-Uni, ou par toute autre occasion qui se présentera, il est tenu d'envoyer, par la poste, un certificat de cette minute au directeur général, lequel conservera cette minute et en insérera une copie signée de lui sur le livre tenu à cet effet, et appelé registre d'inscription maritime.

Des actes de décès.

7. Tout officier surveille dans son district la constatation des décès survenus (1). L'acte de décès doit contenir : la date du décès, les noms et prénoms du décédé, son sexe, son âge, son état et sa profession, la cause de son décès, la signature, l'état et la résidence du déclarant, la date de l'acte, et la signature du secrétaire.

8. Les décès doivent être déclarés au secrétaire du district par les parents ou les habitants de la maison où la personne est décédée, dans les huit jours après le décès, et dans tous les cas il est procédé à une enquête sur la cause

(1) Art. 18, Stat. 6 et 7. Guill. IV.

de la mort du décédé : le coroner, juge de l'enquête, est tenu de remplir ces formalités (1).

9. Si un sujet anglais meurt en mer sur un navire anglais, le capitaine ou l'officier commandant le navire, à bord duquel le décès est arrivé, devra sur-le-champ dresser un procès-verbal en minute des différentes circonstances requises par la présente loi, avec le nom du navire, et à l'arrivée de ce bâtiment dans un des ports du Royaume-Uni, ou par toute autre occasion plus expéditive, il enverra par la voie de la poste un certificat de la minute au directeur général qui en fera le dépôt et en enregistrera une copie signée de lui sur le registre de la marine (2). Cette disposition doit s'appliquer également au cas du décès de l'étranger arrivé sur un navire anglais.

Des Mariages.

1. Avant que l'Église d'Angleterre se soit séparée de l'Église de Rome, le mariage y était considéré comme un sacrement dont la connaissance appartenait exclusivement aux juges ecclésiatiques, et aujourd'hui il dépend encore des

(1) Art. 25, Stat. 6 et 7. Guill. IV.
(2) Art. 26, *ibid.*

affaires spéciales sur lesquelles les cours temporelles et spi-
rituelles exercent chacune un pouvoir partagé (1).

2. L'homme avant quatorze ans révolus, la femme avant
douze ans révolus ne peuvent contracter mariage. S'il était
contracté avant cet âge, il serait nul (2).

3. Les mineurs de vingt et un ans ne peuvent se marier
sans le consentement de leurs parents ou de leurs tuteurs (3), à moins qu'il ne s'agisse d'un second mariage,
étant censés émancipés par le premier (4).

4. La proximité de parenté est aussi une incapacité de
contracter mariage (5).

5. Les degrés prohibés sont ceux exprimés au chap. 18
du Lévitique.

6. En Angleterre, le mariage peut être célébré après des
publications de bans, ou par une licence spéciale délivrée
par l'archevêque, ou par une licence commune délivrée par
l'*ordinaire* ou son surrogat (6). On entend par ordinaire le
juge ecclésiastique auquel l'évêque délègue ses pouvoirs.

(1) Stephen's com., vol. 2, p. 279 et suiv. — Burn's ecclesiastical
law, vol. 2, p. 433 et suiv., édit. de 1842.
(2) *Ibid.*
(3) 4, Georges IV, ch., 76.
(4) Blackst. com., 437, 8.
(5) 32, Henri VIII, ch. 38.—Stephen's, com., vol. 2, p. 284.
(6) Burn's eclesiastical law, p. 433 et suiv. — Stephen's com.,
vol. 2, p. 284.

7. La publication des bans a lieu trois dimanches consécutifs pendant le service divin, préalablement au mariage (1).

8. Nulle licence, soit spéciale, soit commune, pour célébrer le mariage sans publication de bans, ne sera accordée qu'après serment préalablement prêté par l'une des parties, qu'elle croit qu'il n'y a aucun empêchement de parenté ou d'alliance ou de toute autre cause légale, et que l'une des parties a résidé quinze jours dans la paroisse où ce mariage doit être célébré, et si l'une des parties n'était ni veuf, ni veuve, ou mineur de vingt et un ans, et qu'elle a obtenu le consentement des personnes dont le consentement est requis (2).

9. La loi relative au mariage resta la même jusqu'au 17 août 1836, sans jamais s'écarter du principe que les mariages devaient être célébrés, en Angleterre, à l'égard de toutes les personnes (quelles que fussent leurs croyances religieuses), devant un ministre de l'Église établie et conformément à ses rites et cérémonies. La seule exception s'appliquait aux juifs et aux quakers (3).

10. En 1836, le statut 6 et 7 Guillaume IV, chap. 85, établit deux nouveaux modes de contracter mariage, outre ceux sanctionnés par le statut 4 Georges IV, chap. 76,

(1) Common proyer book. — 4, Georges IV, ch. 76.
(2) 4, Georges IV, ch. 76, § 11.
(3) Stephens, comm., vol. 2, p. 289 et suiv. — 4, George's IV ch. 76, § 31.

à savoir : celui par le certificat du sécrétaire général (1), ou celui par le certificat avec licence délivré par le même officier public.

11. Toutes personnes voulant se marier de l'une des deux manières ci-dessus, sont tenues, aux termes du statut 6 et 7 Guillaume IV, chap. 85, de délivrer au secrétaire général du district dans lequel les deux parties demeurent depuis au moins sept jours (si elles demeurent dans différents districts depuis le même temps, au secrétaire général de chaque district), une déclaration de leur intention de se marier, comprenant les noms, condition, rang ou profession, l'âge, le domicile, la durée de leur résidence, l'église et l'édifice dans lequel le mariage doit être célébré. Toutes ces déclarations sont inscrites sur un registre appelé le registre des déclarations de mariage, lequel est à la disposition du public, sans frais, aux heures indiquées (2).

12. Cette déclaration doit être lue par le secrétaire des administrateurs chargés d'exécuter les lois sur les pauvres du district, dans trois assemblées hebdomadaires (disposition prise par analogie avec la publication des bans); mais si la licence émane du secrétaire général, les trois publications ne sont pas nécessaires (3).

(1) Le secrétaire général, appelé en Anglais *super intendant registar*, est un officier civil nommé par chaque union de paroisses, ou par chaque paroisse, ou autres lieux, d'après le statuts 6 et 7, Guillaume IV, ch. 85, (loi passée pour modifier les lois en vigueur sur les pauvres).
(2) 6 et 7, Guill. IV, ch. 85, §§ 4 et 5.
(3) *Ibid.* § 6.

13. Si le mariage doit être célébré avec ou sans licence, la partie qui a fait la déclaration est tenue d'obtenir un certificat du secrétaire général, qui a reçu cette déclaration. En cas de licence, le certificat peut être délivré dans les sept jours, et s'il n'y en a pas, dans les vingt et un jours (1)

14. Toute personne autorisée à cet effet, peut s'opposer à la délivrance du certificat du secrétaire général en écrivant, sur le registre des déclarations de mariage, avant la délivrance de ce certificat, le mot *empêché*, en regard de l'inscription de la déclaration du mariage projeté; elle y inscrira aussi son nom, sa demeure et la qualité en vertu de laquelle elle agit. Dans le cas où la délivrance de ce certificat aura été ainsi empêchée, la déclaration et toutes les autres formalités ultérieures seront nulles (2).

15. Le même consentement est exigé pour tout mariage célébré avec licence sous l'empire de ce statut, comme avant sa publication.

16. Le certificat du secrétaire général doit contenir les noms des parties, leur profession, leur âge, leur domicile, la durée de ce domicile, l'église ou l'édifice dans lequel le mariage doit être célébré, la date de la déclaration et du certificat, et une attestation constatant que la délivrance du certificat n'a pas été empêchée (3).

(1) 6 et 7, Guill. IV, ch. 85, § 7.
(2) *Ibid.*, § 9.
(3) *Ibid*, cedule B.,

17. Toute personne, moyennant cinq schillings, peut prendre un *caveat* à l'office du secrétaire général pour s'opposer à l'obtention d'un certificat ou d'une licence pour se marier. Ce *caveat*, dûment signé par l'opposant, désigne son domicile et les motifs invoqués; il arrête la délivrance du certificat ou de la licence jusqu'à ce que le secrétaire général ait pu en apprécier le mérite. S'il y a doute, le secrétaire général peut en référer au directeur général. En cas de refus de la part du secrétaire général, l'impétrant a le droit d'en appeler au directeur général, qui est tenu, soit de confirmer le refus, soit d'ordonner la délivrance du certificat ou de la licence (1).

Ce droit de prendre un *caveat* ou d'arrêter par un *empêché* l'acte le plus grave de la vie de l'homme, ne doit reposer que sur des motifs graves, sérieux et fondés sur le respect dû aux liens de la famille, ou aux prescriptions de la loi : s'il en était autrement, le preneur d'un *caveat* ou d'un *empêché*, s'exposerait à une demande en dommages-intérêts (2). Mais cette action en dommages-intérêts doit être intentée dans les trois ans, à partir du *quasi-délit* qui y a donné lieu, sous peine de prescription (3).

18. S'il n'y a pas de licence, le mariage peut être célébré, après la délivrance du certificat, sans publication des bans

(1) 6 et 7, Guill. IV, ch. 85, § 13.
(2) *Ibid*, § 3
(3) *Ibid*.

exigés par l'Église anglicane ou prescrits par les rites des quakers ou des juifs, selon que les futurs professent l'un et l'autre le même culte religieux (1).

19. Si les futurs n'appartiennent pas à l'Église anglicane, ou s'ils ne sont ni juifs, ni quakers, le mariage peut être célébré dans la forme qu'ils jugeront convenable d'adopter, dans l'édifice désigné dans leur déclaration; cet édifice devra toujours, conformément à la loi, être un lieu consacré à l'exercice de la religion, et enregistré pour la célébration des mariages. Toutefois, il faut que ce mariage soit célébré en présence du secrétaire général, d'un secrétaire du district et de deux témoins honorables, ou même d'un plus grand nombre, les portes ouvertes, et de huit heures du matin à midi; chacun des futurs déclarera : « Je déclare solennellement que je ne connais aucun empêchement légal à ce que moi AB, je sois uni en mariage à CD. » Chacun des futurs doit dire alors à l'autre : « Je déclare devant les personnes ici présentes, comme témoins, que moi AB, je te prends CD, pour être ma légitime épouse (ou mon légitime époux) (2). »

20. Tout propriétaire ou fiduciaire d'un édifice séparé, consacré au culte religieux, peut le faire enregistrer comme propre à la célébration des mariages en représentant un certificat émané d'au moins vingt-cinq chefs de maisons,

______

(1) 6 et 7, Guill. IV, § 2, 3 et 4; Vict., ch. 72, § 5.
(2) *Ibid.*, ch. 85, et § 18 et 20. — 1, Vict., ch. 22, § 35.

contresigné par lui, attestant que cet édifice a été consacré, pendant une année au moins, comme le lieu ordinaire et public de leurs cérémonies religieuses. Le secrétaire général est tenu d'envoyer ce certificat au directeur général, qui fait enregistrer cet édifice sur un registre tenu à cet effet à la direction générale dans la forme prescrite par le statut (1).

21. Si les futurs ne veulent pas se marier dans un édifice enregistré, le mariage sera célébré à l'office ou prétoire du secrétaire du district, en présence du secrétaire général, d'un secrétaire du district et de deux témoins, les portes ouvertes entre huit heures du matin et midi, en remplissant exactement les mêmes formalités que dans le cas de mariage dans un édifice enregistré (2). (C'est la première fois que la loi anglaise permet la célébration des mariages devant un officier civil et sans cérémonies religieuses).

22. Toute licence doit être accordée par le secrétaire général ; elle spécifiera l'église ou l'édifice dans lequel le mariage doit être célébré ; elle contiendra la mention de la déclaration sous serment du futur époux, à savoir : qu'il n'existe aucun empêchement de parenté ou d'alliance ou toute autre prohibition légale au mariage projeté, et que l'un des futurs a demeuré quinze jours immédiatement avant la concession de cette licence dans le district où doit se célébrer le mariage. Enfin, si l'un ou l'autre futur, n'étant pas

(1) 6 et 7, Guill., IV, ch. 85, §§ 18 et 20.—1, Vict., ch.. 22, §§ 35
(2) *Ibid.*, ch. 85, § 21.

veuf, est mineur de vingt et un ans, il doit rapporter le consentement de la personne qui a le droit d'accorder ce consentement, ou la preuve que les personnes qui pourraient le lui donner n'existent plus (1).

23. Le mariage peut être célébré après la délivrance de la licence, selon les usages adoptés par les juifs et les quakers, ou conformément au nouveau mode adopté par ce statut. Mais le secrétaire général ne peut accorder de licence pour célébrer un mariage dans une église ou une chapelle de l'Église d'Angleterre; l'archevêque et le surrogat conservent à cet égard leurs anciens priviléges exclusifs (2).

24. S'il s'écoule un intervalle de plus de trois mois à partir du jour de l'inscription de la déclaration, sans que le mariage ait été célébré, cette déclaration, le certificat, la licence et toutes les autres formalités qui en ont été la suite, sont prescrits (3). Il faut alors les renouveler pour se marier.

25. Est nul et de nul effet, le mariage contracté entre des individus qui sciemment et volontairement se marieront : 1° dans un lieu autre que celui spécifié dans la déclaration et le certificat ; 2° sans avoir fait une déclaration légale au secrétaire général ; et 3° sans licence dans le cas où elle est requise.

(1) 6 et 7, Guill. IV, ch. 85, § 12.
(2) *Ibid*, ch. 85, § 11,
(3) *Ibid.*, § 15.—1, Vict., ch. 22, § 3.

Est coupable de félonie, toute personne qui, sciemment et volontairement, aura célébré un mariage dans une église ou édifice non autorisés par le statut ou contrairement à ses dispositions (1).

26. Tout mariage régulièrement célébré devra être constaté sur un registre tenu à cet effet ; une copie en sera envoyée au secrétaire général du district. Ce registre doit contenir la date du mariage, les noms et prénoms des époux, leur âge, leur condition, leur profession, leur demeure au moment du mariage, les noms, prénoms et profession des pères des deux conjoints (2).

27. Telles sont les règles établies par la loi anglaise pour la célébration des mariages. Mais ces règles forment-elles un lien aussi puissant quand il s'agit de mariage entre étrangers, ou entre étrangers et Anglais en Angleterre ?

28. Certainement quand il s'agit de l'acte de célébration, d'après la maxime : *locus regit actum*, le mariage, qui a reçu sa consécration en Angleterre, selon les formes admises par la loi, doit lier les époux. C'est ce que déclare l'art. 170 du code Napoléon, mais avec une condition sur laquelle s'est expliquée la jurisprudence française.

Cet article dit : « Tout mariage contracté en pays étranger entre Français, et entre Français et étrangers,

(1) 6 et 7, Guill. IV, ch. 85, § 42.
(2) *Ibid*, ch. 86, cédule C.

» sera valable, s'il a été célébré dans les formes usitées
» dans le pays, pourvu qu'il ait été précédé des publica-
» tions prescrites par l'art. 63. au titre des actes de l'état
» civil et que le Français n'ait pas contrevenu aux disposi-
» tions contenues au chapitre précédent. »

Pour éviter l'abus des mariages célébrés dans les pays étrangers, où les formalités étaient d'une simplicité déplorable, on a dépassé le but en ayant recours à une interprétation grammaticale de cet art. 170, et en déclarant nul, en France, le mariage d'un Français à l'étranger, lorsqu'il n'a pas été précédé des publications requises.

Mais c'était confondre les mariages simulés et frauduleux avec les mariages sérieux contractés dans des pays plus ou moins éloignés, pour lesquels il eût été, sinon impossible, du moins bien difficile de satisfaire aux prescriptions du Code.

Il est un principe, au reste, qui domine toute la matière : c'est aux juges, qui ont le droit de se constituer en quelque sorte en cours d'équité, qu'il appartient d'apprécier selon les circonstances si le mariage contracté à l'étranger a été entouré de solennités et d'une publicité telles, qu'il ait véritablement acquis le titre de mariage.

Ainsi, le défaut de publication en France ne sera plus qu'une circonstance purement accessoire qui pourra entrer parfois en considération pour faire annuler le mariage, mais qui ne sera jamais une cause matérielle et une raison déterminante d'annulation.

On peut citer à ce sujet un arrêt de la Cour d'appel de Colmar, du 2 janvier 1825, qui porte que les publications sont nécessaires lorsqu'il est établi que le mariage n'a été contracté que pour éviter la publicité en France (1).

29. Dans tous les cas, de nombreux arrêts décident que les publications ne sont pas indispensables, que leur prescription n'est que comminatoire, et que d'ailleurs leur inobservation est couverte par la possession d'Etat (2).

30. Ajoutons qu'il a été décidé aussi, par un arrêt de la Cour de cassation du 5 novembre 1859, que la nullité du mariage pour défaut de publications ne pourrait être demandée par les parents collatéraux.

31. Mais il est un autre principe puissant et que proclament toutes les législations, celui du statut personnel, qui suit notamment le Français, le couvre d'incapacité ou de capacité selon les prescriptions de la loi, et le régit en tous lieux. C'est ce que proclame l'art. 3 du code Napoléon, en disant : « Que les lois concernant l'état et la » capacité des personnes régissent les Français même rési- » dant en pays étranger. »

(1) C. de Bruxelles, 23 juin 1830, et C. de cass., 12 fév. 1833.
(2) C. de cass. 16 juin 1829, 18 août 1811, 25 fév. 1839. C. de Bruxelles, 7 juin 1831. C. de Paris, 13 juin 1836, 13 juill. 1839 et 18 déc. 1837. Ce dernier arrêt résume l'état de la jurisprudence, en disant que le défaut de publication en France pourra être considéré comme un moyen de nullité *selon les circonstances*. C'est ce que vient encore de juger le tribunal civil de la Seine le 12 avril 1851. (Voir *Le Droit* du 20 avril 1851.)

Ainsi, le Français ne pourra se marier avant l'âge fixé par le code, à savoir : quinze ans pour la femme et dix-huit ans pour le mari. — S'il est divorcé à l'étranger, son mariage contracté en France sera maintenu, puisque le divorce est aboli, et il ne pourra se marier à l'étranger sous peine de bigamie. — La cour de Paris a décidé même, le 3 août 1834, que l'étranger divorcé, selon les lois de son pays, ne peut se marier en France avec une Française. — Dans le cas où l'union permise à l'étranger constituerait, en France, l'adultère ou l'inceste, la nullité doit en être poursuivie par le ministère public (1). Enfin la légitimation par mariage subséquent d'un enfant adultérin, faite à l'étranger par des Français, en vertu de rescrit du prince, n'aurait aucune valeur en France (2).

(1) C. de cass., 8 nov. 1824 ; l'arrêt ajoute cette disposition : Lors même que les parties ne se prévaudraient pas de leur union.
(2) C. de cass, 15 juill. 1811.

CHAPITRE HUITIÈME.

De l'Extradition.

1. L'impunité des grands crimes qui se commettaient en Angleterre et en France, et dont les auteurs, pour se soustraire à de justes poursuites, venaient chercher un refuge dans un de ces pays, a motivé le cartel d'extradition (1).

2. L'extradition ne peut avoir lieu ni pour délits ordinaires, ni pour délits et crimes politiques, mais pour des crimes qualifiés tels par la loi, tels qu'assassinat, tentative d'assassinat, parricide, infanticide, empoisonnement, faux et banqueroute frauduleuse (2).

3. Pour obtenir une extradition, la demande doit en être adressée par l'ambassadeur français à un des secrétaires d'État de Sa Majesté britannique, en ayant soin de

(1) Stat. 6 et 7, ch. 75, Vict. (22 août 1843).
(2) 296, 299 à 301, 2, 145 à 151 et 402, Code pénal français.

produire le mandat d'arrêt décerné par le juge d'instruction. Ce mandat doit énoncer les faits sur lesquels est fondée l'accusation, et être accompagné de la copie des dépositions des témoins entendus dans la procédure (1).

4. Après l'examen des pièces, le ministre délivre un ordre d'arrestation (2), qui est transmis aux constables ou officiers de justice.

5. Lorsque deux mois se sont écoulés sans extradition, l'accusé peut obtenir sa mise en liberté.

6. Dans les colonies anglaises, toutes les dispositions du statut doivent être observées, à moins que l'autorité locale n'en ait autrement ordonné.

7. Le traité d'extradition devra être observé entre les deux nations, tant que l'une d'elles n'aura pas déclaré qu'elle n'entendait plus l'exécuter (3).

(1) 2 et 3, stat. 6 et 7, Vict., ch. 75 (22 août 1843).
(2) Art. 1er, stat. 6 et 7, Vict., ch. 75.
(3) Art. 6 et 7, ibid.

CHAPITRE NEUVIÈME.

Du Bail (Lease) et des Locations.

1. Tout bail peut être fait à vie, à temps ou à volonté c'est-à-dire avec congé (1); mais les étrangers ne peuvent stipuler de baux qui excèderaient l'espace de vingt et un ans (2).

2. Le bail au-dessous de trois ans peut être consenti verbalement; s'il excède ces trois années, il doit être fait par

(1) Walk, com. 62, ch. 4.—2 Blackst., com. 317.
(2) Art. 5, stat. 7 et 8, ch. 66. Vict. Il existe en Angleterre des baux emphytéotiques d'une durée très-étendue; il en résulte qu'une grande quantité d'immeubles sont souvent centralisés dans une même famille. On cite des quartiers entiers de Londres ou de Birminghan qui ont cette destination prévilégiée.

écrit sur papier à timbre proportionnel (1); sinon, il n'a de valeur que comme bail fait à volonté. Les quittances de loyers, dans ce cas, doivent être aussi sur papier timbré à la charge du propriétaire qui reçoit.

3. Les promesses de bail appelées *agrément* sont valables comme préalables de l'acte, et obligent les parties qui les ont contractées.

4. Le bail fait par un mineur n'est pas nul **de** plein droit; mais seulement annulable à sa majorité (2).

5. Le bail comprend tout ce qui compose la chose louée, il n'y a d'excepté que ce qui y est formellement exprimé.

6. A défaut de prix stipulé ou de preuve de la convention, il est dû un prix raisonnable d'après estimation (3).

(1) 29, Charles II, ch. 3, n° 11. — Ces droits sont fixés par le stat. 7, Vict. ch. 21 :

Pour un bail d'un revenu au-dessous de 20 liv. st. 1 liv. 00 st.

—	—	100	1	10
—	—	200	2	00
—	—	400	3	00
—	—	500	4	00
—	—	800	5	00
—	—	1,000	6	00
—	—	et au-dessus	10	00

Le timbre doit être apposé sur l'acte dans les quatorze jours de sa date, à peine de 10 liv. ster. d'amende. (*Id.*)

(2) Maddlon, v. Withe, 2, T R., 159. — 4 Bac, ab. 138. — Boe, v. Hodgson, 2 Wils 129.

(3) 11, Georges II. ch. 19, n° 14, Bascœon, Evid, p. 199.

S'il n'est stipulé aucun terme pour l'expiration du bail, chaque partie devra prévenir l'autre, pour le faire cesser, suivant l'usage des lieux.

Dans les baux d'une année ou au-dessus, le congé doit être donné six mois avant la fin de l'année courante (1). Si le bail porte une échéance, tout congé est inutile.

Dans le cas où le bail serait égaré, c'est au locataire à prouver l'étendue du terme.

Le congé peut être donné verbalement, quand le bail est verbal.

7. Les époques ordinaires des payements de loyer sont : le 25 mars ; le 24 juin ; la Saint-Michel, 29 septembre ; et la Noël, 25 décembre. Il est prudent de fixer les loyers à ces époques pour éviter des erreurs ou des difficultés.

Les loyers sont *quérables*, c'est-à-dire que le bailleur doit les faire réclamer.

8. Le bail est résolu par la perte de la chose louée et par le défaut des parties de remplir leurs engagements, et non par leur mort (2).

9. L'acquéreur est tenu d'exécuter les baux faits par le vendeur avant la vente.

(1) Esp., 266. — Peacke, C. A. N., p. 5. — 2. Blackst., R. 1224. Johstone, v. Hudleston, 4, B. et C., 932.
(2) Wordf. Landlorf et Tenant, ch. 12.

10. L'*Assignment* est la cession du bail ; elle doit être consignée au dos de l'acte de bail et timbrée ; elle comprend tout le reste de la durée du temps fixé pour la durée de la location. Mais le preneur primitif reste toujours obligé envers le bailleur. Le sous-locataire paye ses loyers au preneur, à moins qu'il n'ait à redouter une saisie de la part du bailleur sur le locataire.

11. Il est interdit de louer des appartements situés seulement à trois pieds au-dessus du sol de la rue (1).

Du Bailleur.

12. Le bailleur n'est tenu de livrer la chose louée que dans l'état où elle se trouvait le jour du contrat.

Le propriétaire *(landlord)* ne doit la réparer ou la rebâtir, en cas de destruction, que s'il y a des conventions expresses (2).

Il promet la jouissance des lieux loués paisiblement et sans trouble.

(1) Stat. 7 et 8, ch. 84 Victor (9 août 1844).
(2) Co. lit. 53 A. — Saund 321. 3.

Il profite de toutes les constructions et réparations qui auraient été faites par le preneur.

Il a un privilége, pour une année de loyers, sur le prix des meubles saisis par un créancier ordinaire (1).

Si les meubles sont entre les mains d'un schériff, le bailleur a le droit de former opposition entre ses mains.

13. Il peut saisir tous les meubles et effets qui garnissent les lieux, quand même ils n'appartiendraient pas tous au locataire, à l'exception des objets nécessaires à son commerce.

Si dans les cinq jours de la saisie pour loyers, et de sa notification, le preneur ne s'est point libéré, le bailleur peut, en présence du constable, faire évaluer la valeur des meubles et les faire vendre de la manière la plus avantageuse (2).

Du Preneur.

14. Le preneur a le droit de se faire délivrer la chose louée dans les termes stipulés.

(1) 3 Anne, ch. 14.
(2) Met. 1. W. et Marie, ch. 2, no 5.

Mais il ne peut en changer la forme ; comme de convertir une halle en étable, ou de deux chambres n'en faire qu'une, etc.

Il y aurait lieu à résiliation s'il employait les lieux loués à un usage autre que celui auquel ils étaient destinés (1).

15. Le preneur est tenu d'user de la chose louée en bon père de famille, et de payer la rente aux époques convenues (2).

Il doit rendre les lieux dans l'état où il les a reçus, et les entretenir en état suffisant de conservation (3).

Il n'est point tenu des dégradations survenues par l'effet du temps et des éléments (4).

Mais, d'après la loi commune, les réparations sont à sa charge (5).

S'il n'est que locataire à l'année, il ne doit faire que les réparations de jouissance *(tenantable)* (6).

S'il s'était engagé à faire généralement les réparations, il devrait, en outre, rééditier les bâtiments détruits ou

<hr>

(1) Green v. Cole.—Saund 252. Co. lit 536.—Croc. 182, 1, 60. 309.
(2) Co. lit. 53. — Bute v. Grindall, T. R. 338. 4 R. et M. 246.
(3) 2 Esp. 590. — Holt. N. P. R. 7.
(4) Howard v. Leggaft , 7. C. et P. 613.
(5) Tanglov, v. Wilheheads, Dong, 746, 6, Blackst., com. 281.
(6) Ferguson, v... 2, Esp., 590.—Horsefall, v. Mother hall, N. P.Y.

réparer le détériorations survenues même par cas fortuits ou incendie (1).

S'il en a excepté les cas d'incendie, il n'est pas moins tenu de payer la rente, quoique le propriétaire refuse de rebâtir les lieux incendiés (2) ; le tout à moins de conventions contraires.

16. Il doit indemniser le bailleur des pertes et dégradations provenant de son fait ou du fait des personnes de sa maison et de ses sous-locataires.

17. Le bailleur n'est pas tenu de garantir le preneur du trouble apporté à sa jouissance, par les voies de fait des tiers (3) à moins de trouble ou éviction de la part d'un individu fondé en titre (4). Dans ce cas, le preneur, si l'instance est dirigée contre lui, doit en donner avis au bailleur, sous peine du payement d'une somme égale à trois années de la rente (5).

18. Le preneur a le droit de sous-louer ou de céder son bail, à moins que la faculté ne lui en ait été expressément interdite (6).

(1) Bullock, v. Domnich, 6, T. R., 650.—76, 750.—10, Bing. 385.
(2) 6. T. R. 650 et 1. T. R. 310.
(3) Dudley, v. Joliot, 3. T. R., 584.—76, 587, Hayes, v. Bickerstoff, Vaugh, 118.
(4) Chaplain, v. Southyote, 10, mod. 384.—Perry. v. Edwards. 1, Str. 400.
(5) M. Guill., II, chap. 19, no 12.
(6) Blackst. ch. 326.—7, Salmer, v. Edwards, 2. Stra. 1221.—Rep. 9. Blackst., 766.

nterdiction de céder le bail n'entraîne pas la défense de sous-louer.

En cas de stipulation d'interdiction, de cession et de sous-location, le bailleur qui a consenti à lever cette prohibition en faveur d'un individu, ne peut plus en faire usage envers le cessionnaire, pour le cas où celui-ci voudrait transférer son droit à un autre, lors même qu'il aurait été exprimé que la cession n'avait été consentie que pour lui seul (1).

19. Si le preneur dont le bail est expiré continue à rester dans les lieux, il est considéré comme les tenant à volonté, et alors il peut être expulsé sans avertissement (2).

S'il y reste, après le congé donné et la demande en rentrée de possession, il est passible d'un double loyer (3).

Mais si le propriétaire continue à recevoir sa rente ou seulement une partie, il se forme un nouveau bail à l'année, dans les termes de l'ancien. C'est alors une tacite réconduction (4).

20. Le locataire ne peut déménager son mobilier légalement avant d'avoir payé le prix de sa location (5).

(1) Dumpers, case 4.—Co. 119.—Brummel, C. Macpherson, 14, ves. J., 173.—Wetheral. v. Geering, 12, ves. 505.
(2) Die. v. Stennets, 2, Esp. 717.
(3) 6, Guill. II, chap. 28, n. 1.—2, Guill. II, ch. 19.
(4) J. T. R., 572.—16, Tast., 71.
(5) Stal., 2, Georges II, chap. 19.

Il est tenu de payer toutes les taxes et contributions imposées sur les lieux qu'il occupe, sauf à en déduire le montant sur les loyers (1).

S'il s'était engagé à payer personnellement toutes les taxes, il ne devrait supporter que celles existantes lors du bail, et non les contributions et les charges imposées postérieurement.

Du Bail des maisons (2).

21. Le locataire n'est pas tenu de garnir la maison louée de meubles autres que ceux qu'il lui convient d'y apporter.

Mais le propriétaire peut poursuivre le payement de ses loyers sur les meubles existants, sur les *fixtures* (immeubles par destination) et même contre le sous-locataire partiel, sauf le recours de celui-ci. Mais le bailleur ne peut se prévaloir des conventions spéciales intervenues hors sa présence entre le locataire et son sous-locataire (3).

(1) Stat., 30. Georges II, chap. 2, no 15.
(2) On ne s'occupera pas du bail des biens ruraux. Il suffira de savoir, comme étant de nature à faire connaître des usages locaux, que la location sous la condition de partage des fruits (colon partiaire) n'est pas connue en Angleterre, mais n'y est pas interdite.
(3) J. T. R., 572.—16, Tast, 71.

22. Les locataires des maisons sont tenus de ne pas laisser pourrir les poutres faute de les couvrir, ni tomber les murs par défaut de plâtrage, ni exposer les chambres à l'intempérie par l'absence de vitres, à moins que les choses ne fussent en cet état lors de l'entrée en jouissance (1).

Le curement des puits, égouts, etc., est également à la charge du preneur.

23. Le bail des maisons est censé fait pour une année. Le congé doit en être donné six mois d'avance.

Des Maisons meublées.

24. Le bail des maisons meublées ne diffère pas du bail des maisons non meublées; si ce n'est qu'il est d'usage de dresser un état des lieux. A défaut de cet état, le bailleur a une action en représentation des objets, dont il prouve que la jouissance avait été comprise dans le bail (2).

25. Lorsque la location des appartements garnis se fait

(1) 11. East., 52.
(2) Bac ab. Leaser.

pour moins d'une année, comme à la semaine, au mois, ou au trimestre, il n'est pas nécessaire de donner congé (1).

26. En cas de résiliation du bail par la faute du locataire, il est dû des dommages-intérêts qui seront fixés par le jury.

Si le bailleur s'est réservé le droit d'habiter les lieux, il doit signifier sa volonté, dans les termes d'usage.

27. Le bailleur qui loue sciemment un appartement garni à des femmes de mauvaise vie, n'a droit à aucun loyer.

28. Les meubles, même ceux des sous-locataires, pouvant être saisis par le bailleur, d'après l'usage, il en résulte que tout preneur ou tout sous-locataire doit, avant tout, s'assurer qu'il n'est dû aucuns loyers arriérés, car il serait exposé à voir saisir ses propres effets. Une stipulation à ce sujet dans le bail serait nécessaire.

Du Louage des domestiques et ouvriers.

29. Le renvoi d'un domestique s'opère en le prévenant

(1) 7, Car et P., 26.

un mois d'avance, ou en lui payant ses gages d'un mois (1).

Le terme d'apprentissage est fixé de cinq à sept ans.

Les commis engagés , même à tant la semaine ou à tant le mois, sont censés l'être pour une année. S'ils continuent leurs services, il y a engagement pour une seconde année (2).

30. Si le serviteur quitte son maître sans motif, ou est renvoyé pour mauvaise conduite, il est privé de ses gages (3).

S'il est renvoyé injustement, il a droit aux gages pendant le reste de l'année, quoiqu'il ne continue pas son service (4).

31. Le maître qui prétend avoir payé les gages de son domestique, doit le prouver. Cette preuve, ainsi que celle de la quotité des gages, dépend des circonstances.

(1) Biesten, v. Collyer, 4, Bing, 389.—Robinson, v. Hindman.
(2) Breston, v. Collyer, 4, Bing, 389 —2, Inst., 42.
(3) Natiman, v. Boullenois, 2, C. et P., 375.—Turner, v. Robinson, 6, C. et P. 75.
(4) Gandall, v. Pontigny, 4, camp. 375.—Archard, v. Horner, 3, Car et P., 349.

Des Voituriers.

32. La responsabilité des voituriers commence au moment de la remise des objets entre leurs mains (1).

L'entrepreneur de voitures publiques est responsable de tous les accidents, excepté ceux résultant de force majeure (2).

Mais par un statut récent (3) cette responsabilité est restreinte, pour certains articles de prix, comme or, bijoux, billets, glaces, porcelaines, etc., à la somme de dix livres sterling, à moins que la valeur n'ait été déclarée lors de la remise, et une augmentation du prix de transport payée, si elle a été exigée.

(1) 5, T. R., 389.
(2) Forward, v. Pittard, 1. T. R., 27.—Dalle, v. Holle, 1, Wils, 282.
(3) 11 Guill. IV et 1 Guill. IV, chap. 68.

CHAPITRE DIXIÈME.

De la Propriété des auteurs et de la Contrefaçon littéraire et industrielle.

Un statut de la septième année du règne de la reine Victoria, chapitre 12 (10 mai 1844), a établi les règles propres à assurer la protection accordée aux productions littéraires et intellectuelles, pour en garantir la propriété à leurs auteurs.

Cette protection a été étendue, non-seulement aux étrangers amis domiciliés en Angleterre, mais encore à tout étranger, pourvu que le droit de réciprocité soit établi entre les pays ; ce qui malheureusement n'existe pas pour la France.

Ce statut s'en réfère aux statuts 5 et 6 de Victoria, *sur les productions littéraires* ; 8 de Georges II, et 17, Georges III, *sur la propriété littéraire dramatique* ; 7 et 8 de Guillaume IV, *sur les dessins, gravures et sculptures.*

SECTION PREMIÈRE. — *Formalités.*

1. La reine peut, par un ordre du conseil, accorder aux auteurs étrangers la propriété exclusive des livres, estampes, articles de sculpture et autres ouvrages d'art spécifiés.

Cet ordre doit contenir :

1° La désignation de la chose privilégiée et garantie ;

2° Le délai de la publication à faire dans les pays étrangers ;

3° Le nom du pays où la production aura été publiée ;

Et 4° la durée du privilége, qui ne peut excéder le temps déterminé pour les indigènes (1).

2. Ce privilége s'étend sur toutes les productions publiées la première fois tant en Angleterre qu'à l'étranger, sur les livres, estampes ou sculptures, pièces dramatiques ou compositions musicales (2).

3. La condition exigée pour jouir de ce privilége consiste :

1° Dans l'inscription sur le registre de la compagnie des libraires de Londres, de l'ouvrage dont on veut assurer la propriété ;

(1) Art. 2, stat. 7, ch. 12, Victoria.
(2) Art. 23, 4 et 5, *ibid.*

2e- Dans le dépôt d'un exemplaire remis à cette même compagnie, et qui est destiné au muséum britannique.

L'inscription doit contenir, outre le nom et le (1) domicile de l'auteur ou de l'éditeur, si l'auteur est anonyme, l'époque de la première publication ou représentation (2).

Le dépôt s'effectue au moyen d'un exemplaire entier. Si le dépôt est impossible, comme quand il s'agit de manuscrits, d'objets de sculpture en marbre, etc., l'inscription sufût.

Le dépôt peut être fait directement aux bibliothèques au lieu de la compagnie des libraires ; alors il n'est dû aucun droit.

Si le dépôt n'est pas opéré dans l'année, à dater du jour de l'inscription, l'auteur peut être condamné, à la requête de la compagnie dés libraires, à une amende de 5 schillings (3).

3° Le droit de propriété s'établit par l'inscription sur le registre qui est public.

La cession du droit d'auteur doit être inscrite également (4) ; mais alors le temps de la durée du privilége est diminué.

(1) L'art. 8 du statut 5 et 6, Victoria, exige en outre le dépôt des exemplaires aux quatre bibliothèques d'Oxford, Cambridge, Edimbourg et Dublin.
(2) Art. 8, *ibid.*
(3) Art. 10, *ibid.*
(4) Art. 1er.

4. Le coût de l'inscription est de. . .   1 schilling.
   Celui de la cession.   1   id.
   Le droit de recherche.   1   id.
   L'extrait de l'inscription.   5   id.

5. L'inscription qui lèse un tiers, dont les droits seraient antérieurs, peut être rayée ou changée. La demande sera portée devant une cour de justice en session (1).

6. Les livres réimprimés à l'étranger, et dont le droit de propriété est assuré, ne peuvent être introduits en Angleterre (2).

Le comité judiciaire du conseil privé peut ordonner une nouvelle publication d'une production épuisée, mais jamais du vivant de l'auteur (3).

7. Le dépôt d'une édition nouvelle sans changements n'est pas exigé (4).

SECTION II. — *Durée du privilége.*

8. Le droit de propriété est assuré à l'auteur pour toute sa vie et sept ans, en outre, après son décès. Mais si, avec ces sept années, quarante-deux ans ne sont pas écoulés depuis le jour de l'inscription, les héritiers jouiront du reste du temps.

(1) Art. 4. stat. 5 et 6, Victoria, et 9, stat. Vict.
(2) Art. 10, stat. 7, Vict.
(3) Art. 5, stat. 5 et 6, Vict.
(4) Art. 12, stat. 7, Vict.

Lorsque l'ouvrage n'est publié qu'après la mort de l'auteur, le droit de propriété n'est que de quarante-deux années (1).

9. S'il s'agit d'un étranger, l'ordre du conseil fixe la durée du privilége, eu égard à la production et à la nature des relations avec le pays étranger (2).

10. Les productions insérées dans les revues ou recueils encyclopédiques ou périodiques, si elles sont inscrites sur le registre, sont assurées comme droit de propriété pendant vingt-huit ans aux éditeurs, à moins que l'auteur ne se soit réservé ce droit (3).

SECTION III. — *De la contrefaçon.*

11. Toute contrefaçon ou vente illicite d'une production inscrite sur le registre des libraires peut être poursuivie devant une cour de record, et en Écosse, devant une cour en session ; son auteur est passible de dommages-intérêts. Le défendeur, dans ce cas, doit formuler ses moyens de défense (4).

12. Tout ouvrage placé sous la protection de la propriété littéraire, ne peut être vendu ou imprimé dans les trois royaumes, sous peine d'être saisi par les officiers de

(1) Art. 3, stat. 5 et 6. ch. 15, Vict.
(2) Art. 14, stat. 7, Vict.
(3) Art. 18 et 19, stat. 7, Vict.
(4) Art. 15 et 16, *ibid.*

la douane ou de l'excise; l'auteur sera condamné par deux juges de paix du comté, à chaque contravention, outre le double de la valeur de l'exemplaire saisi, à une amende de 5 livres sterling à 10 livres pour l'officier de police, de 5 livres pour le propriétaire, et à la confiscation des ouvrages contrefaits au profit du propriétaire (1).

13. La traduction d'un ouvrage inscrit sur le registre n'est pas interdite, à moins que l'auteur, pour la traduction de son œuvre, n'ait rempli les mêmes formalités que pour l'œuvre principale (2).

SECTION IV. — *Des compositions dramatiques et musicales.*

14. Les compositions dramatiques et musicales sont régies par les mêmes dispositions que ci-dessus. Seulement les contrefaçons ou contraventions sont poursuivies devant la cour de l'Échiquier ou du banc de la Reine, ou des plaids communs ; l'amende encourue est de 50 schillings, ou du montant de la représentation (3).

15. La cession de la propriété ne comprend pas le droit de représentation ou d'exécution. Il faut que ce double droit soit expressément stipulé et inscrit sur le registre des libraires (4).

(1) Art. 17 et 23, stat. 7, Vict.
(2) Art. 18, *ibid.*
(3) Art. 20 et 21, *ibid.*
(4) Art. 22, *ibid.*

16. Il n'est pas nécessaire de l'inscription pour exercer des poursuites contre l'auteur d'une représentation en contravention (1).

SECTION V. — *Du droit de propriété sur les dessins des fabriques.*

17. Le droit de propriété sur les dessins des fabriques est assuré quand ils n'ont pas été publiés en Angleterre.

Ce droit s'étend à treize classes, et à une durée (2) :

1° De *trois années* pour les métaux, bois, verre, poterie, papiers à tapisser, dessins, toiles cirées, châles, étoffes pour meubles ;

2° De *douze mois* pour les dentelles et autres objets non compris dans les autres classes ;

3° De *trois mois* pour les dessins appliqués sur les châles et tissus filés (3).

18. Les dessins doivent être inscrits au nom du propriétaire ou de son cessionnaire, avant leur publication, et les deux marques R^d et E^e tracées sur une partie de l'étoffe (4).

(1) Art. 24, stat. 7, Vict.
(2) Voir notes *in fine.*
(3) Art. 3, stat. 5 et 6, ch. 100, Vict.
(4) Art. 4 et 5. *Ibid.*

L'acte de cession du droit de propriété des dessins doit également être inscrit pour pouvoir en garantir l'exercice au cessionnaire.

19. La contrefaçon des dessins entraîne une amende de 5 à 30 livres sterling. Mais cette amende ne peut excéder 100 livres sterling dans le cas de plusieurs contraventions (1).

La contrefaçon des marques est punie d'une amende de 5 livres sterling au maximum (2).

20. Ces condamnations sont prononcées, en Angleterre, par deux juges de paix du comté ; en Écosse, par la cour en session ou par le schériff du comté ; et en Irlande, soit par la cour supérieure à Dublin, ou par la cour des bills civils du comté.

21. Le propriétaire a deux voies ouvertes pour poursuivre la contrefaçon, ou celle de la pénalité, ou celle en dommages-intérêts, mais il ne peut cumuler (3).

22. L'inscription ne peut être rayée ou modifiée que par une décision de la cour d'équité devant laquelle les poursuites doivent être exercées (4).

23. Toute action en contrefaçon doit être intentée dans les douze mois.

(1) Art. 8, stat. 5 et 6, ch. 100, Vict.
(2) Art. 11, *ibid.*
(3) Art. 9, *ibid.*
(4) Art. 10, *ibid.*

24. Les registres d'inscription ne sont pas publics.

25. Tant que le droit privilégié n'est pas expiré, nul ne peut prendre communication ni copie du dessin. Cependant l'officier gardien peut, en présence du propriétaire, le communiquer, mais non en laisser prendre copie.

26. Les droits de l'inscription sont fixés par les commissaires de la trésorerie. Ils sont de 1 schilling pour les dessins des 7, 9 et 10e classes, et de 10 schillings pour ceux de la 5e classe (papiers de tenture).

CHAPITRE ONZIÈME.

Du Droit de l'Étranger pour prendre des Brevets d'invention.

1. Une invention qui a pour but une création ou l'amélioration d'une industrie ou d'un procédé, a constamment mérité les encouragements et la protection des gouvernements, qui doivent en assurer à leur auteur l'exploitation par privilége et exclusion pendant un temps déterminé; mais cette protection doit ensuite faire place à l'intérêt public. Aussi cette concession de monopole n'est accordée qu'à la condition de faire connaître avec détail et précision les secrets de l'invention, afin que plus tard le public puisse en profiter.

2. En France cette faveur est commune avec l'Angleterre; l'art. 27 de la loi du 5 juillet 1844 admet une réciprocité de garantie très-heureuse pour les deux pays.

3. En Angleterre il existe un droit privilégié pour l'exercice d'une invention dans tout le royaume-uni ; mais les lettres patentes doivent être prises séparément dans chacun des trois royaumes : il faut s'adresser à des bureaux privés intitulés : *Patentes office for new inventions* (1).

4. Le privilége exclusif d'exploitation est assuré pour quatorze années, et peut être prorogé de sept années (2) sans différence d'Anglais ou d'étrangers (3).

5. L'exploitation ou la publication de l'invention à l'étranger n'empêche pas d'obtenir en Angleterre des lettres patentes, si cette invention n'y était pas connue.

6. Ces lettres patentes, y compris tous les honoraires, s'élèvent :

1° En Angleterre et le pays de Galles, à 110 liv. sterl.

2° En Ecosse, à. . . . . 80　　—

3° En Irlande, à. . . . . 134　　—

En tout.. . . . 324　　—

L'effet de ces lettres patentes peut être étendu aux colonies anglaises, si la demande en est faite; les frais sont alors augmentés de cinq livres sterl.

(1) Les trois bureaux existants à Londres, sont : le *Rolls papes office*, l'*Inrollement office*, et le *Petty-Bag office*.

(2) Stat. 21, Jacques 1er, ch. 3, n. 6.—Stat. 5 et 6, Guill. IV ch. 83, n. 4.—Stat. 2 et 3, Vict., ch. 07, n. 2.

(3) Stat. 7 et 8, Vict., ch. 06, n. 4.

7. Toute demande de lettres patentes ou brevets d'invention doit être adressée à un officier de chancellerie, et contenir l'énonciation de son invention. Cette demande sera accompagnée d'une supplique par écrit à Sa Majesté, à cet effet.

8. Si un individu avait pris un *caveat* (1) pour un procédé de la même nature, sommation lui sera faite de former opposition dans les sept jours ; en cas d'opposition, l'attorney-général assignera les parties huit jours après en sa présence, et après les avoir entendues séparément : s'il trouve que les deux inventions se ressemblent, il les renverra devant les cours de justice pour faire statuer ; sinon la patente sera accordée ; dans ce cas l'inventeur devra remettre entre ses mains un état descriptif qui restera cacheté jusqu'à l'inscription sur le registre. Copie de cet état descriptif peut être délivrée à tout demandeur (2).

Il est très-essentiel que l'inscription et l'état descriptif soient en parfait accord, car autrement la patente pourrait être attaquée comme obtenue frauduleusement.

9. En cas d'opposition à la délivrance du brevet, le porteur du *caveat* doit en prendre un nouveau spécial, et déposer une somme de 30 liv. sterl. qui sera rendue si l'opposition est admise. Dans le cas contraire, il devra

(1) On entend par *caveat*, une déclaration d'invention inscrite à la chancellerie. Sa durée est d'une année ; elle peut être prorogée. Les frais s'élèvent à 1 liv. sterl. et 1 schilling.
(2) Stat. 5 et 6, Guill. IV, ch. 83, art. 1 et 4.

abandonner 7 liv. sterl. pour les honoraires de l'attorney général.

10. Les étrangers ont également le droit de se faire délivrer un *caveat*, pour garantir leurs droits.

11. On peut, pour une demande préliminaire, prendre une patente pour le temps où une invention sera plus perfectionnée. Cette demande coûte 10 liv. sterl., qui se compensent ensuite avec le prix du brevet.

12. Dans le cas d'une demande collective, les frais sont augmentés de 20 liv. sterl. par chaque partie de l'industrie à breveter.

13. Le lord-chancelier signe et scelle du grand sceau les lettres patentes.

Dès ce jour, l'impétrant jouira de tous les priviléges attachés à son titre.

Mais l'étranger doit, dans le délai de six mois (délai de rigueur), à partir de la délivrance des lettres patentes, faire inscrire l'état descriptif de son invention.

Il est prudent toutefois de ne faire procéder à cette inscription sur le registre que lors de l'expiration des six mois, pour éviter toute surprise de la part d'un concurrent.

14. Les états descriptifs seront écrits sur une feuille de parchemin timbrée. Les dessins et modèles doivent, en cas de nécessité, y être annexés.

CHAPITRE DOUZIÈME.

De la protection accordée, pendant l'année 1851, aux inventions présentées à l'Exposition de Londres. (Statut de Victoria. — 11 avril 1851.)

Attendu qu'il est urgent que protection soit accordée aux personnes qui présentent des inventions à l'exposition, il est ordonné et disposé ce qui suit :

Art. 1. Toute nouvelle invention de nature à devenir l'objet de lettres patentes peut, pendant l'année 1851 seulement, être exposée publiquement en tout lieu désigné par les lords du comité du conseil privé pour le commerce, conformément à la loi de 1850 sur les dessins de fabrique, sans porter préjudice aux brevets qui seraient accordés à l'inventeur dans le délai de l'enregistrement provisoire ci-après déterminé, pourvu qu'antérieurement elle ait été provisoirement enregistrée, qu'elle n'ait pas été exposée publiquement, qu'il n'en ait pas été fait usage et qu'elle n'ait pas été l'objet d'une vente, d'un transport ou d'une cession de bénéfices futurs ; ce qui serait considéré comme un usage.

Il est cependant entendu que tout compte rendu ou description d'une invention dans un journal ou écrit périodique ne nuira pas à la validité du brevet pendant le délai ci-dessus.

ART. 2. L'essai ou l'exposition publique d'une invention qui se rattache à l'agriculture ou à l'horticulture, certifié par les lords dudit comité, sous la direction des commissaires de l'exposition de 1851, soit avant soit après que la présente loi sera en vigueur, n'empêchera pas l'enregistrement provisoire de l'invention, ni ne préjudiciera à la validité des lettres patentes accordées pendant le délai ci-dessus exprimé.

ART. 3. L'attorney général, ou telle autre personne désignée par lui à cet effet, auquel l'inventeur aura remis la description par écrit de son invention, délivrera un certificat destiné à opérer son inscription provisoire, s'il a été satisfait à toutes les conditions de l'exposition et si la description qui en est faite explique suffisamment sa nature.

ART. 4. Le préposé à l'enregistrement de la description des dessins, aux termes de la loi de 1850 sur les dessins de fabrique, enregistrera ce certificat, ainsi que le nom et le domicile de l'impétrant. L'invention à laquelle se rapportera tout certificat ainsi enregistré, sera considérée comme enregistrée provisoirement.

Cet enregistrement sera valable pendant un an, à dater du jour où il aura été inscrit. Le préposé délivrera un certificat de sa main et sous le sceau de ses fonctions, attestant que l'invention a été enregistrée, et énonçant sa date, le nom et le domicile de celui à qui appartient l'invention.

Mais cet enregistrement serait nul et de nul effet si l'invention était alors exposée publiquement, s'il en était fait usage au moment même où l'enregistrement s'opère, ou si l'inventeur, qui s'est présenté comme tel, n'est pas le véritable auteur.

Art. 5. La description écrite de l'invention sera conservée de la manière prescrite par l'attorney général. Toute invention, ainsi enregistrée et exposée publiquement, portera la suscription suivante : « Provisoirement » enregistrée, estampillée et attachée, » avec la date de l'enregistrement.

Art. 6. L'enregistrement provisoire conférera au propriétaire de l'invention le droit à toute protection contre la contrefaçon, et lui attribuera les avantages assurés par la loi de 1850 aux inventeurs des dessins de fabrique. Pendant tout le temps fixé pour la durée de l'enregistrement provisoire, les peines et les dispositions prescrites par la loi de 1842 sur la contrefaçon et la description des dessins, s'appliqueront aux actes et autres effets qui en sont la suite, d'une manière aussi complète que si elles étaient renouvelées dans la présente loi et étendues auxdits actes, c'est-à-dire à la confection, à la publication et à la vente de la chose inventée, à son usage en tout ou en partie, à sa contrefaçon, à son imitation, ou à sa modification soit par addition ou retranchement, sans le consentement par écrit de la personne intéressée.

Art. 7. Toute lettre patente accordée à la suite d'un enregistrement provisoire, et pendant la durée de cet enregistrement, produira le même effet que si l'invention n'avait été ni enregistrée ni exposée. Le lord grand-chancelier peut, dans ce cas, ordonner que la lettre patente sera scellée à la date du jour de l'enregistrement provisoire, nonobstant l'acte de la dix-huitième année de Henri VI, ou tout autre acte qui s'y rapporte.

Art. 8. Malgré les dispositions des lois de 1850, 1842 et 1843 sur les dessins, la protection qu'elles accordent sera étendue aux propriétaires de tous dessins nouveaux ou originaux provisoirement enregistrés ou exposés dans le lieu d'exposition publique, quoique ces dessins aient été entièrement publiés, ou qu'on en ait fait usage ailleurs que dans le royaume uni de la Grande-Bretagne et de l'Irlande, pourvu qu'ils n'aient été ni vendus ni exposés publiquement à une époque antérieure à l'exposition.

Art. 9. Toutes les dispositions de la loi de 1850 sur les dessins de fabrique et celles qui s'y rattachent, à l'exception de la durée de l'enregistrement provisoire, s'appliqueront, en tant qu'elles ne sont pas contraires à la présente loi, aux inventions qui doivent être provisoirement enregistrées ainsi qu'aux propriétaires desdites inventions. La loi de 1850 et la présente loi ne formeront qu'une seule et même loi.

Art. 10. Cette loi peut être intitulée : « De la protection accordée aux inventions. » (Loi de 1851.)

CHAPITRE TREIZIÈME.

Du Contrat de mariage.

1. Les époux sont considérés comme ne faisant qu'une seule personne et incorporés l'un à l'autre. Ainsi, après le mariage, aucune convention ne peut intervenir entre eux. Mais ils peuvent, avant le mariage, directement entre eux, et après le mariage, par l'intermédiaire de fidéicommissaires, faire pour la disposition de leurs biens toutes les stipulations qui leur conviennent.

2. Avant le mariage, cependant, on ne pourrait faire aucune convention pour le cas de séparation volontaire ; mais, après le mariage, au moyen d'une convention avec les fidéicommissaires de la femme, il est permis au mari de pourvoir aux dépenses d'une existence séparée de celle de sa femme, ce qui toutefois ne l'oblige que pécuniairement (1).

(1) Guth. C. Guth. 3, B. and C. 614.—Bar et ad. 713. Velrall., Jacob. 3 Merlo. 268.

3. Par le contrat de mariage, on peut statuer sur le sort des enfants, sous le rapport de l'éducation et de la religion (1).

4. Les conventions matrimoniales doivent être rédigées avant le mariage. Elles sont irrévocables une fois le mariage accompli, à moins d'omission, erreur ou méprise, auquel cas la cour d'enquête peut être saisie pour statuer sur le changement à opérer après le mariage (2).

5. Le mari devient, par le fait du mariage, propriétaire de tous les biens de sa femme ; il a droit à l'usufruit de ses biens réels, s'il lui survit. La femme de son côté a droit, pendant le mariage, à une pension proportionnée à la fortune de son mari, et à un douaire après sa mort (3).

6. A défaut de contrat, les biens (*Chattels*) réels et personnels de la femme appartiennent au mari, il a le droit d'en disposer ; mais il faut qu'il soit entré en possession pendant (4) le mariage (5) ; si le mari est obligé d'avoir recours à la cour d'équité pour entrer en possession des

(1) Villariéal, v. Mellish, 2 swan, 553.
(2) 29. Car. 11, C. 3, 5, 5.—Goach's case 3, rep. CO, 6.—Buckle, v. Mitchell, 18. Ves. 100.=Oltey, v. Manning, 9. Eust. 59.
(3) *Omnia quæ sunt uxoris sunt ipsius viri.* Co., lit., 112. — 2e ch. du trib. civ. de la Seine du 28 août 1850.—Scott., v. Monby, 1, liv. 4.
(4) Co. lit. 300, 354.
(5) Co. lit. 351.—Scawn, v. Blaut. T. Tomline, *Baron and feme*, sect. 4, n. 10.— Edw. Willams. 3 Ed. 1841. p. 672 — 598 — 677.

biens personnels de sa femme, la cour peut accorder à celle-ci une provision pour ses besoins et ceux de ses enfants (1).

7. Le mari est tenu de payer les dettes de la femme antérieures au mariage, pourvu que des poursuites judiciaires aient été exercées pendant le mariage (2).

8. Tout engagement pris par la femme mariée est nul à son égard (3).

9. La mort civile du mari entraîne la confiscation de tous ses biens, même ceux provenant de sa femme qui n'a que le droit de réclamer ses biens réels (4).

10. Pour aliéner et hypothéquer les biens réels de la femme, il faut l'autorisation des cours supérieures de Westminster (5).

Le mari peut seul affermer les biens réels de sa femme pour vingt et un ans (6).

11. Si les biens réels de la femme ont été engagés pour le mari, les biens de celui-ci en répondent. Les dépenses faites par le mari sur les biens réels de la femme ne sont pas sujettes à répétition (7).

(1) Lemephlr, v. Creed. V. ves. 699.
(2) F. N. B. 120, 121-265.
(3) 1. Bl. Com. 444.—8, T. R. 545.—Palm. 313.
(4) Com. 690.—Co. lit. 187 a.
(5) 3 et 4, Wm. IV. C. 74, 5, 77.
(6) Com. dig. Bar. et Feru. 2 W. sanders 180, n.
(7) Tate, v. Austin, 1. P. W. 261.—Campion, v. Cotton, 17. Ves. 265.

12. La femme perd son droit au douaire si elle abandonne son mari et vit en état d'adultère, ou si son mari est mort civilement (1).

Si c'est la femme qui est morte civilement, le mari perd son droit de jouissance, à moins qu'il n'y ait des enfants.

13. Les bijoux, hardes, etc., en nature appartiennent à la femme; mais ces biens, à moins qu'ils n'aient été donnés par des étrangers, sont la propriété des créanciers, si la succession est insuffisante pour les désintéresser (2).

Des conventions particulières entre époux.

14. La femme peut, dans son contrat, se réserver une somme d'argent, dont elle a la faculté de disposer sans le consentement de son mari.

Le mari de son côté peut acquérir des droits sur les biens réels de sa femme, et l'exclure de tout droit au douaire.

15. La femme mineure a la faculté, moyennant une pen-

(1) 2 Just., 433.—5 et 6. Ed. VI. C. 10.—Co. lit. 40.—1, Hules Pl. cr. 359.

(2) Noy Max. C. 44.

sion, de renoncer à son douaire, avec le consentement de
ses parents et tuteurs, de s'obliger sur ses biens personnels
et d'engager ses biens réels (1).

16. Par le contrat de mariage, la femme peut se procu-
rer une position indépendante. Dans ce cas il est nécessaire de recourir à des fidéicommissaires. Quand il s'agit
des *terres*, la cour d'équité lui donne son mari pour fidéi-
commissaire (2).

17. Cette position séparée et distincte du mari est indépendante de la pension (*épingles*), allouée à la femme pour
ses dépenses de toilette (3).

18. Si l'état séparé a été stipulé avec des fidéicommissaires, et que les biens de la femme consistent en valeurs
mobilières, les créanciers du mari n'y ont aucun droit,
même n'y eût-il aucun inventaire (4).

19. Si c'est après le mariage que l'état séparé a été stipulé avec des fidéicommissaires, les gains de la femme ne
profitent pas au mari, mais aux créanciers de celui-ci (5).

(1) Chitty, v. Chitty, 3, ves. 545. Carruther, c. v. Curruter, 4,
Bro. C. 50.
(2) Barunby. 187.—2 P. W. 316.
(3) Davison v. Atkinson, 5. T. R. 434. — Howard, v. Digby, v.
Blig. 224.
(4) T. R. 233.—816, 82 — 6, Eust. 257.
(5) Gore. v. Kinght, 2, vern. 535.

20. S'il y a commerce séparé sans fidéicommissaires, le mari est tenu des dettes de sa femme (1).

21. Quand elle a un bien séparé, fût-il même réel, elle peut en disposer comme si elle était libre (2), pourvu qu'elle ait un pouvoir.

22. En équité, la femme répond de ses créances sur ses biens séparés (3).

23. Si elle a payé les dettes de son mari sur ses biens séparés, il lui en est dû récompense (4).

24. La femme abandonnée par son mari a droit à une pension.

25. Le mari ne peut vendre sa femme ; c'est un délit punissable d'une amende et d'un emprisonnement (*misdemeanor*).

(1) 2, Roper. Husle. et Wise, c. 18, 5, 4.
(2) Freeman, v. Moore, 3, Bro. P. c. 578. 2 Roper et Wise, 182.
(3) Francis, v. Wigzell. 1, Madd. 258.
(4) 1 Bro. P. c. 1.—2 P. W. 264.

CHAPITRE QUATORZIÈME.

De la Paternité et de la filiation des enfants légitimes.

1. L'enfant conçu pendant le mariage a pour père le mari, à moins que le mari ou toute personne intéressée ne prouve l'illégitimité de l'enfant, en établissant l'impossibilité physique (1) ou morale de la paternité par absence ou défaut de communication entre les époux (2), sans qu'aucun délai soit fixé à cet égard. L'appréciation en est laissée au jury (3) ou au parlement, dans le cas de divorce *à vinculo matrimonii* (4).

2. La communication entre les deux conjoints est tou-

(1) Même l'impuissance.—Poynter, 60-3. Fexcrost's case 10, ed. 1. —Roll. ab. 358.
(2) Baubury Peerage, case 1.—Hin. et sta. 153.
(3) Philipps ou evidence ii 288.
(4) Goodricht, v. Saul 4 T. R. 356.

jours censée avoir existé, jusqu'à preuve contraire (1), à moins de divorce *à mensâ et thoro* (2).

5. Il y a présomption de reconnaissance de l'enfant né peu de temps après le mariage (3). Cette présomption peut cependant être détruite (4).

4. La preuve de la filiation n'est pas établie par l'inscription de la naissance ou du baptême sur les registres publics. Il faut ou une possession d'état ou des titres de famille (5).

La preuve testimoniale est admise pour contester ou défendre une filiation (6).

5. La question de légitimité est soumise au jury dans une cour de loi commune. — Une cour d'équité la renvoie à un jury en cas de doute (7).

6. L'action en réclamation d'état d'enfant légitime est imprescriptible de la part tant de l'enfant que de ses héritiers. — Mais après le délai fixé par les statuts, il ne pourra plus réclamer les biens (8).

(1) Co. lit.—3 P. W. 275.—Pendrel, v. Pendrel 2 strat. 925.
(2) 1 Salk. 123.
(3) Co. lit. 241. a. Bex. v. Lusse. 8 Tust. 193.
(4) Foscrol's case.
(5) 3 Stark R. 63.—5 B. et C. 508.—Baubury's case. Wowles, v. Young 13 ves. 117.
(6) Witeloske, v. Baker. —13 ves. 514.
(7) Har. can. 508.
(8) 3 Bl. com. C. 10. 3 et 4 Wm. IV c. 27.

Des Enfants naturels.

---

7. Les enfants nés hors mariage ne peuvent être légitimés par le mariage subséquent des père et mère, mais seulement par acte du parlement (1).

8. Leur reconnaissance ne leur confère aucun droit civil, si ce n'est celui d'avoir un nom. Il n'existe aucun lien entre eux et le père putatif. Ils sont *quasi nullius filii* (2).

9. La recherche de la paternité est permise. La preuve peut en être faite, même sur la déclaration sous serment de la mère.

(1) 1 Bl. com. 455. 459.—Co. lit. 211 a. 215 a.
(2) Lit. s. 188.—Co. lit. 123. a.—Pye. *ex parte.* Dubost, *ex parte* 18 ves. 152.— Co. lit. 36. et Harg. n.

CHAPITRE QUINZIÈME.

De l'Adoption.

1. L'adoption, comme contrat civil judiciaire et comme affectant la capacité ou l'état civil des personnes, n'est pas reconnue en Angleterre. Mais il existe des analogues, au moyen d'institution testamentaire, ou par donation de propriétés en faveur d'orphelins ou autres, à la condition de prendre le nom du testateur ou du donateur (1).

2. Un étranger ne pourrait donc faire une adoption en Angleterre.

En France, l'étranger ne pourrait adopter un individu, l'adoption étant de droit civil, qu'autant que dans son pays le Français en aurait la faculté. La loi du 14 juillet 1819, abolitive du droit d'aubaine, n'a rien changé à cette jurisprudence, puisqu'elle ne s'applique qu'au droit de succéder, de disposer ou de recevoir par testament (2).

(1) Harris's. Justinian, p. 85.—Led. Coke. 2 inst. 97.
(2) Cour de cassation, 7 juin 1826.

CHAPITRE SEIZIÈME.

De la puissance paternelle (1).

1. L'enfant, à tout âge, doit respecter et honorer ses père et mère (2). Il reste soumis à leur autorité jusqu'à sa majorité ou son émancipation.

2. Mais le père peut rentrer en possession de la personne de son enfant en vertu d'un ordre de justice (3), à moins d'inconduite ou de mauvais traitement de la part du père (4), auquel cas, il lui est nommé un tuteur par la cour de chancellerie.

(1) On a voulu prévoir tous les cas de la vie civile d'un étranger dans les Royaumes-Unis, et l'on a pensé qu'il pouvait importer qu'il connût les dispositions de la loi anglaise qui intéressent la vie intime de famille.

(2) 1 Bl. com. 452.—4 Moore 366.—7. East. 579.

(3) Bleukin, v. Lyon. Jud. 245.—2 Str. 9821.—3 Burr. 1436.

(4) Wisisfield, v. Hales 12. ves. 429.—Schelley, v. Weestbrooke 1, Jac. 266.

5. Le père n'a pas, comme en France, le droit de faire emprisonner son fils pendant un temps déterminé, dans le cas de correction, en s'adressant au président du tribunal. Il peut le corriger soit corporellement, soit en le tenant renfermé dans sa maison, mais modérément (*modicis vergis*) (1).

4. Le père putatif d'un enfant naturel doit, comme son tuteur naturel, se charger de son éducation et de son entretien (2).

Il en est différemment quand l'enfant est à la charge des paroisses.

5. La mère a un droit de préférence sur la direction de son enfant naturel. Elle peut le réclamer toujours (3).

6. Les père et mère n'ont pas la jouissance légale des biens de leurs enfants. Ils sont seulement leur tuteur ou administrateur, à la charge de rendre compte (4). Le père ne peut même mettre à leur charge les dépenses d'entretien, à moins d'insuffisance de sa fortune (5).

7. Tant que les enfants vivent avec le père et qu'il pourvoit à leur entretien, le produit de leur travail lui appartient (6).

(1) 1 Bl. com. 452.—1 Hawk P. c. 130. 1. ves 58, 61.
(2) Bas et Pul. 148.—7. East. 570.—Rex. v. Moses sopen.
(3) 1. Bl com. 453. Woods inst. 63. 1. P. W. 702.
(4) 1 Bl. com. 453.
(5) Boach, v. Garvan. 1 ves. 160.—Hughes, v Hughes. 1 Bro. C. c. 387.
(6) 1 Bl. com. 453—2 Car. et P. 578.—3 B. et Ald. 548.

CHAPITRE DIX-SEPTIÈME.

De la Tutelle.

1. Le père est le tuteur légal de ses enfants légitimes âgés de moins de 21 ans (1). En cas d'inconduite, cependant, la cour de chancellerie peut le destituer et en nommer un autre (2).

2 Il a seul la faculté, par testament ou par tout autre acte, de nommer un tuteur à l'exclusion de la mère ou conjointement avec elle, de limiter son autorité, et de le soumettre, pour l'exercice de ses fonctions, à l'avis préalable de personnes désignées comme conseils (3).

Il peut aussi nommer plusieurs tuteurs, avec désignation de leurs pouvoirs (4); le tuteur ainsi institué ne peut transmettre la tutelle à personne (5).

(1) Bl. com. 463.—Lit. 101, 2593.—Co. lit. 171. b.
(2) 1 Bl. com. 450.—Co. lit. 88. b.
(3) Duke of Beaufort, v. Berty.—1 P. W. 703.—Smith, v. Smith. 3. Alk. 304.
(4) Vangh. 181.—De Costa, v. Melli 14. 2 Alk. 14.
(5) Swint. ou Wils.

3. A défaut de manifestation de volonté de la part du père, la mère est tutrice (1). Le second mariage ne lui enlève pas la tutelle.

4. Le tuteur nommé par le père et la mère n'est pas tenu d'accepter la tutelle (2).

5. Si le père et la mère sont morts et que la tutelle n'ait pas été décernée, les ascendants sont tuteurs (3).

6. Toute personne peut disposer d'une propriété en faveur d'un enfant, en lui désignant un tuteur (4).

7. La cour de chancellerie peut nommer des tuteurs judiciaires et les destituer selon les occurrences : comme dans le cas de malversation, d'inconduite ou de banqueroute. Elle intervient dans le cas d'opposition d'intérêts entre le mineur et le tuteur; mais elle prend ordinairement l'avis préalable des parents avant toute décision (5).

Les cours ecclésiastiques ont aussi le même droit, quand il s'agit de pourvoir à l'administration des biens personnels des mineurs (6). Et toutes les cours peuvent éga-

(1) 1 Bl. com. 460.—Co. lit. 88. b.

(2) Villareal, v. Mellist.—2 Swandt, 533.—Corbel, v. Totteuham. 1 Ball., v. B. 60.

(3) Ratcliffes. case 3. Rép. 38. a.—Co. lit. 88. a. n. 12.—Villareal, v. Mellish. 2 Swans.—537.

(4) Blake, v. Leigh. aurb. 306. Potts, v. Norton. Bridg. dig. 2, p. 26.

(5) Co. lit. 88. 6, n. 6.—Bac. ab. Guard.—Duke of Beaufort, v. Berty. 1. P. W. 705. 1 Bl. eom. 563, 4, 11.

(6) Co. lit. 88. b, n. 16.

lement donner un tuteur *ad litem*, pour les procès qui leur sont soumis. Il en serait certainement de même pour le cas de minorité d'un plaideur (1).

Nul n'est tenu d'accepter une tutelle. Mais une fois en exercice, il ne peut s'en démettre, à moins de motifs graves (2).

En cas de refus de la tutelle, la cour de chancellerie nomme un administrateur salarié (3).

8. Le chancelier est le tuteur légal du mineur (*ward*). On se rendrait coupable de désobéissance envers son autorité (*contempt*) que de se marier, sans son consentement, avec un mineur.

—◆—

Du pouvoir et de l'administration du Tuteur.

9. Le tuteur et le mineur sont entre eux dans la même position, quant à la personne, que le père et l'enfant (4).

(1) Ridds Pratice.—Smith, Chamery, Practico.
(2) Eq. la. ab. 260. pl. 2.—1 P. W. 703—o keaffe, v. Casey. 1. Schn et Lef. 106.
(3) Davis, v. Deuby, 3. Mad. 170.—Poth., v. Leigton. 15. vers 276.
(4) Willaken, v. Morluort. lox. 28. b.

Il administre tous les biens, et répond de sa gestion. Il peut donner à bail les biens du mineur jusqu'à l'époque de sa majorité, ou pour un temps plus long avec la sanction de la cour de chancellerie (1).

10. Il peut se mettre à l'abri de toute contestation, en prenant l'avis préalable d'une cour d'équité, quand il a une mesure grave à prendre, ou en n'agissant qu'avec l'autorisation de la cour de chancellerie ou en rendant des comptes annuels à un de ses officiers (2).

11. Aucun délai n'est imparti au tuteur pour faire l'inventaire des biens du mineur.

Il peut vendre ses biens meubles sans aucune formalité particulière (3).

Il doit placer les revenus non employés des biens du mineur, sous la garantie seule de l'État. S'il les garde, il en doit les intérêts (4).

Il lui est interdit de changer la nature des biens pupillaires, à moins d'avantage évident, ni de les hypothéquer (*mortgager*) (5), ni d'accepter un legs pour le mineur (6).

(1) Wils. 129.—Cro-Eliz 678. 734.—1 Wm. IV c. 65. 5. 17.
(2) 2 Vern 224.—Burgh. 165.
(3) 3 Salk 177.
(4) Pocock, v. Keddington. 5 vers. 779.—Piety, v. Stace, 4 ves. 620.
(5) 1 Vers. 44.—Drid. Dig. v. ii p. 29.—Guard et Vard.—Ai. 38.
(6) Dagley, v. Tolferry. 1 Pr. 283.—1 Eq. ab. 300. pl. 2. Cooper, v. Thornton.

Dans le cas d'indivision de propriété avec un tiers, celui-ci a seul le droit de vendre sa part (1).

12. Le tuteur, même le père, à la fin de la tutelle et pendant la tutelle, doit rendre ses comptes au mineur (2).

A sa majorité, il peut transiger avec son tuteur ou même le dispenser de lui rendre compte, à moins de fraude ou de crainte révérentielle (3).

La prescription de l'action du mineur devenu majeur contre son tuteur est de six ans (4). Mais cette prescription ne court pas si le tuteur a continué son administration (5).

13. La loi anglaise n'admet pas l'émancipation comme affectant ou modifiant la capacité civile.

Le mariage même de l'enfant *mâle* ne fait pas cesser la tutelle (6), comme pour celui des filles.

Les étrangers amis, jouissant des droits civils, peuvent être tuteurs en Angleterre et choisis en cette qualité ; il n'en est pas de même en France, parce que c'est une charge publique, comme à Rome (7).

(1) Co. lit. 337 a b.
(2) 1 Bl. com. 465. co lit. 88. b. n. 9. —Warp. inst. 64.
(3) 2 Ves 260 —Revett, v. Harney. 1 Sim et Stu. 5 or. Wich, v. Packington, 3 bro. P. c. 46.
(4) Prec. ch. 518 —1 Scho. et Lef. 852.—2 Houd. 235.
(5) Millish, v. Millish 1. Sim. ex Stu. 138.
(6) Mendos, v. Mendoz 3 at. 625.—1. Ves. 91.—Boach., v. Garvan 1 Ves. 160.
(7) Cour de Bastia, 5 juin 1838

CHAPITRE DIX-HUITIÈME.

De la majorité et de l'aliénation mentale.

1. La majorité est fixée à 21 ans pour les deux sexes.

2. En cas d'aliénation mentale ou de folie d'un individu, requête est présentée à la cour de chancellerie, qui ordonne une enquête dont le verdict est rendu par le jury. En cas de résultat affirmatif, deux curateurs sont nommés, l'un à la personne, et l'autre à ses biens. Ce dernier est ordinairement pris parmi les héritiers.

3. On ne pourvoit pas en Angleterre de conseil judiciaire les prodigues. Cependant, la nomination de curateur peut s'appliquer aussi au cas de faiblesse d'esprit ou d'incapacité provenant de l'âge ou d'une maladie; les cours d'équité veillent aux contrats qui sont le résultat de la dissipation ou de la fraude envers des jeunes gens (1).

(1) Ridgway, v. Darwin. 8 ves. 65.—Exparte Persse, v. Moiley 219.—Evans-Pothier n. p. 30. Lord coke. C. lit. 247. a.

CHAPITRE DIX-NEUVIÈME.

Des Successions.

1. Pour hériter, il faut être conçu, être né viable, n'être pas mort civilement et n'être pas indigne (1).

2. Nul ne peut recueillir des terres à titre d'héritage, s'il n'est Anglais naturel, naturalisé ou dénizé (2); mais les étrangers ne peuvent hériter que des meubles dans une succession *ab intestat (chattels personnels)* (3).

3. La loi distingue, pour l'ordre de succession, entre les biens réels et personnels, et s'attache à l'origine des biens réels (4), pour lesquels la ligne paternelle est toujours préférée, à moins que les biens ne proviennent de la ligne maternelle (5).

(1) Bl. com. 244. c. 14, 32.—Co. lit. v. a. et 391. b.—1. P. W. 78.
(2) Co. lit. 8. a.—1 Bl. com. 10.
(3) 2 R. Rep. 93.
(4) Bl. com. 220.
(5) Ibid. 222.—355.—3 et 4 Wm. c. 106, 5. 8.

4. Pour toute espèce de biens, le plus proche parent exclut le plus éloigné, excepté dans le cas de biens personnels lorsque la représentation est admise (1). A degré égal, les biens réels passent à l'héritier mâle ou à ses descendants (2).

5. La ligne descendante est préférée à la ligne ascendante, l'affection tendant à descendre et non à remonter.

En ligne collatérale, le degré de parenté se compte selon la loi canonique, en commençant par l'auteur commun ; ainsi les deux frères sont au premier degré, les neveux au second, etc.

6. La représentation n'est point admise en faveur de la ligne ascendante.

7. *Ligne descendante.* — Entre descendants mâles, l'aîné hérite exclusivement des *biens réels*, et exclut les femmes (3); s'il n'y a que des filles, elles les partagent également.

Les biens personnels sont partagés par égales parts entre tous les enfants (4).

Ligne ascendante. — Les ascendants ne succèdent qu'à défaut de la ligne descendante et de la ligne collatérale jusqu'au deuxième degré, les ascendants maternels n'héritent

(1) Co. lit. com. 10. b.
(2) 2 Bl. com. 206.—Co. lit. 23,24.
(3) 2. Bl. com. 214-2121
(4) Ibid. 214, 5, 504-505. Toller, 382. 3.

des *biens réels* qu'à défaut des ascendants paternels (1).

Ligne collatérale. — Les *biens réels* d'un défunt, mort sans postérité, passent au frère aîné, et s'il n'y en a pas ou de descendants d'eux, ils sont partagés entre les sœurs; les *biens personnels* sont attribués par égales parts (2).

Le père survivant prend toute la succession, la mère la partage avec les frères et sœurs, sans distinction de lit.

8. *Des enfants illégitimes.* Ils n'ont aucun droit sur les biens réels ou personnels de leurs parents naturels, morts *ab intestat*, à moins de testament en leur faveur, ou de légitimation par acte du parlement. Dans ces deux cas, leurs droits sont réglés judiciairement (3).

S'ils meurent sans enfants, leurs biens appartiennent à la couronne. La veuve peut réclamer, dans ce cas, son douaire et le tiers de la succession.

9. *Du conjoint survivant.* — Le mari a droit à tous les biens de sa femme décédée, les biens réels à titre d'usufruit, et les biens personnels en toute propriété. La veuve jouit de son douaire, c'est-à-dire de l'usufruit du tiers des biens réels de son mari et de la toute propriété d'une portion de ses biens personnels, à savoir : le tiers, si le défunt a des enfants, ou la moitié, s'il n'en laisse pas (4).

______

(1) Blackboroug, v. Davis, 1. P. W. 51.—Montney, v. Petty. Are. ch. 393.

(2) Evelyn, v. Evelyn. 3 Atk. 762.

(3) 2 Bl. com. 458.—Lit. 5. 188.

(4) 2 Bluckst. com. 126. 433.—129, 515.—3 et 4. Wm. IV. ch. 105.

10. *De l'attribution d'une succession.* — L'héritier est saisi de plein droit de l'héritage des biens réels après la mort du défunt, sans qu'il soit besoin d'acceptation.

Après le décès d'un individu, l'administration de la succession est confiée, pour les biens réels, aux exécuteurs testamentaires, et pour les biens personnels, à un héritier, ou à un créancier, ou à toute autre personne nommée par les cours ecclésiastiques ou des prérogatives.

Nul n'est tenu d'accepter l'administration des biens personnels d'une succession qui lui est échue.

L'inventaire qui est dressé sert à fixer le montant du droit du timbre de l'État (1).

La renonciation à l'administration se fait devant le juge ordinaire. Elle ne compromet pas les droits de l'héritier ; mais s'il a diverti ou recélé des effets de la succession, il est responsable (2).

11. *De l'ouverture des successions.* — Elle se fait soit devant les cours ecclésiastiques, soit devant les cours dites des prérogatives. Ce sont elles qui homologuent les testaments et délivrent les lettres d'administration. Il est rendu compte à ces cours, ou mieux, à la direction du timbre (*stemp office*) dans un délai fixe, de la gestion des administrateurs et des exécuteurs testamentaires.

(1) 55. Géo. III. C. 184. S. 38.
(2) Rutland, v. Rutland. Cro. Eliz. 377.

Quand il s'agit de mineurs ou d'incapables, c'est la cour de chancellerie qui est seule compétente. Sur une requête présentée, un tuteur est nommé au mineur.

12. *Du partage.* — Le partage des biens personnels doit se faire un an après la nomination de l'administrateur.

Pour contraindre au partage, on s'adresse à la cour de chancellerie qui nomme une commission chargée de la liquidation et du partage.

13. *Des rapports.* — Il n'y a que les biens réels qui doivent être rapportés en nature.

Tout ce qui a été reçu en avancement d'hoirie, pour l'établissement des enfants, est sujet à rapport.

14. *Des étrangers.* — Ils peuvent hériter comme les régnicoles, à moins qu'il ne s'agisse de *chattels* réels, qu'ils n'ont le droit de posséder que pendant **21** ans.

Quand la succession d'un Anglais est composée de biens situés en Angleterre et en France, il est de jurisprudence que si le Français était héritier, il prendrait sa part sur les biens français, selon les droits que lui assure le Code Napoléon.

Il a été même décidé que les tribunaux français étaient compétents pour statuer sur les contestations relatives à la succession des biens meubles d'un étranger décédé en France (1).

(1) C. de cass., 7 nov. 1826, Therhton c. Bunce-Arling.

CHAPITRE VINGTIÈME.

Des donations entre vifs et des testaments.

1. Un homme peut disposer de ses biens réels et personnels par donation entre vifs ou à cause de mort ou par testament.

Les substitutions sont permises en faveur de toute personne sans limitation de degrés.

Pour disposer de ses biens, il faut être sain d'esprit et être âgé de 21 ans (1).

La femme ne peut donner entre vifs et faire un *appointement* ou indication en nature de testament qu'avec l'assistance de son mari ; mais il lui est interdit de faire un testament (2).

Les enfants naturels peuvent recevoir de leurs parents comme toute autre personne.

(1) 1 Vict. 26. 57.
(2) 2 Bl. com. 292.—497-8.

Les corporations n'ont le droit de recueillir de donation en terres que pour des œuvres charitables (1).

Les étrangers peuvent recevoir par donation ou testament des biens personnels ou réels, mais à la condition de ne jouir de ceux-ci que pendant 21 ans (2). Il n'y a aucune limite, s'ils sont naturalisés ou dénizés (3).

La loi anglaise ne reconnait pas les héritiers à réserve. Toute personne, qu'elle ait ou non des enfants, peut disposer de la totalité de sa fortune en faveur de qui il lui plaît (4).

2. *De la forme des donations.* — Toute donation de biens réels doit être faite par écrit, signée du donateur, scellée, remise au donateur, et accompagnée de la délivrance du bien donné ; à défaut de délivrance, l'acte aura la forme d'un acte de vente d'un prix très-peu élevé (5).

La donation de biens personnels peut être faite par écrit ou par la seule tradition.

L'acceptation ni la transcription ne sont pas prescrites par la loi anglaise. Mais en France l'acceptation est de l'essence

(1) Bl. com. 268.
(2) Stat. 7 et 8. Vict., ch. 6.
(3) Bl. com. 374.
(4) 2 Bl. com. ch. 19, 23, 30.-34. G. VIII. ch. 5.—1. Vict., ch. 26. 5. 3.
(5) 2 Bl. com. ch. 19, 23, 30. 32-34 Hen. VIII. ch. 5.—27 Hen. VIII ch. 10.

du contrat ; la transcription ne pourrait en être faite en vertu d'un acte passé en Angleterre (1).

La donation n'est révocable ni pour cause de survenance d'enfants, ni pour cause de mariage du donateur (2).

Il n'est pas interdit de faire des accords au sujet d'une succession future (3).

3. *Des testaments.* — Ils doivent être rédigés par écrit, signés au bas et à la fin de l'acte par le testateur ou par une autre personne désignée par lui, en sa présence et celle de deux témoins ou plus, qui doivent signer aussi (4).

Les témoins doivent être dignes de foi, sans aucune condition d'âge, de sexe, de nationalité, de parenté, ou d'intérêt direct (5).

Le testament qui contiendrait une disposition en faveur d'un témoin serait nul à son égard (6).

Les témoins peuvent être nommés exécuteurs testamentaires (7).

La nomination d'un exécuteur, chargé de prendre pos-

(1) Art. 2128. C. Nap.
(2) Art. 960. C. Nap. diff.
(3) 1 Was. conv. 197. 190. 6. 2. C. 18.—Velps of Herefort. 3 Bar. et ad. 382.—1 Ves. 409.— 2 P. W. 132. 191.
(4) 1 Vict. ch. 26-3. 12-29.
(5) Cruise. 78.
(6) 25. Geo. 11. ch. 65, 4.
(7) 2 Bl. com. 377.—1 Vict. ch. 26. 5. 15.

session des biens et de les distribuer selon les volontés du testateur, est le complément nécessaire d'un testament (1).

Les testaments qui disposent des biens réels sont régis par la loi de leur situation (2), et s'il s'agit des biens personnels, par la loi du domicile du testateur (3); l'homologation d'un testament fait à l'étranger doit être demandée dans le diocèse ou la province où sont situés *bona notabilia*.

4. *Des legs.* — A la mort du testateur les biens réels sont remis aux légataires institués, et les biens personnels à l'exécuteur testamentaire ou à des administrateurs qui mettent les légataires en possession.

Les dettes de la succession se prélèvent d'abord sur les biens personnels (4).

Si aucune époque n'est indiquée pour la délivrance des legs, le délai est d'une année ; le légataire a droit à des intérêts à partir de ce moment. L'exécuteur, le délai d'un an expiré, peut être assigné, pour le délivrer, devant les cours ecclésiastiques ou de chancellerie (5).

Pour empêcher qu'un legs fait à la femme ne profite au mari, on le confie à des *trustees*.

5. *Des exécuteurs testamentaires.* — Leur nomination pour les biens personnels est le complément de tout testament.

(1) 2. Bl. com. 23 22.
(2) Coppir, v. Coppic.—2. Bl. 291.
(3) Brody, v. Barry 2 Ves. et Bea 127.—3 Ves. 192.
(4) Hearne, v. Barber.—3 Atk. 213.
(5) 13 Ves. 333-4 —3 Atk. 101. 2-4 Ves. 1.—Dées, v. Struti.
5. T R 690.

Quant aux biens réels, il peut désigner un exécuteur fidéi-commissaire. A défaut d'exécuteurs nommés, un administrateur est choisi par le juge (1).

L'exécuteur doit présenter au juge le testament, l'affirmer véritable sous serment, ou avec l'attestation de deux témoins, pour le cas de contestation (2) : le juge l'inscrit sur ses registres, et en délivre une copie sur parchemin à l'exécuteur testamentaire avec un certificat (3).

Toute personne peut être nommée exécuteur testamentaire (4).

Il n'est tenu qu'après une année de délivrer le legs, lors même qu'on offrirait de donner caution auparavant. Après l'expiration de ce délai, il pourrait exiger caution des légataires, s'il craignait les réclamations des créanciers. Il a de plein droit la saisine des biens (5).

Il doit faire inventaire, procéder à une liquidation des biens personnels non légués, et être prêt à rendre ses comptes ; la cour de chancellerie pourrait seule l'y contraindre.

Il peut se substituer un autre exécuteur à sa place, et prélever ses frais et loyaux coûts, sans pouvoir jamais exiger aucuns honoraires (6).

(1) 2 Bl. com. 350.
(2) Bl. com. 112.
(3) Ibid. 508.
(4) Bl. com. 503.
(5) 2 Bl. com. 212.—Argenstein, v. Marlin, 1. Turner et Reuss. 241.—Davis, v. Blackwell 9. Bink 5.
(6) 2 Bl. 503.

6. *De la révocation des testaments*. — Elle résulte d'un autre testament contraire ou révocatoire (1).

La disposition en faveur d'un institué, qui est décédé avant le testateur, est caduque (2).

Les biens reviennent aux héritiers, en cas de renonciation des institués ou de l'inexécution des conditions (3).

7. *Des substitutions*. — Tout individu ayant capacité à cet effet peut disposer de ses biens réels ou personnels, à la charge par le donataire ou le légataire de les rendre après sa mort à une ou plusieurs personnes vivantes lors de la donation, ou aux enfants à naître pendant 21 ans après la mort des donataires ou des légataires vivants à l'époque du don (4).

A défaut de personnes pour recueillir la substitution, les biens grevés reviennent au donateur ou à ses héritiers.

Les aliénations faites au préjudice des ayants droit sont nulles.

Des fidéicommissaires peuvent être nommés à la substitution ; ils doivent veiller, comme pour leurs biens propres, à la conservation des biens substitués, sous peine de responsabilité (5).

Un testament est révoqué par le mariage subséquent du testateur.

(1) 2 Bl. com. 502.
(2) 2 Bl. com. 513.
(3) 1 Vict. c. 26. 5. 25.
(4) 2 Bl. com. C. 23 et 32. — Beurne cont. Rem. 429, 435. — 2 Vis. et B. 61. — 5 Tauut. 393. 5 Barn. et Ald. 801.
(5) 1 Saud. 369-9.

8. *Des donations en faveur du mariage*. — Elles sont considérées comme faites à titre onéreux, ainsi que les donations entre époux (1).

Les dispositions faites par un mineur au-dessous de l'âge de 21 ans sont annulables (2).

Le mari ne peut, pendant le mariage, faire des donations à sa femme, si ce n'est par fidéicommissaire. Cependant, en cour d'équité, les dons entre époux sont valables, et le mari par testament peut léguer à sa femme tous ses biens personnels et réels (3).

Il peut aussi donner à sa nouvelle femme ou aux enfants à naître de son second mariage tous les biens dont il n'a pas disposé, même au préjudice de ses enfants nés d'un précédent mariage.

9. *Étrangers*. — On a vu au chapitre 5 de l'*Exécution des actes et jugements à l'étranger*, que les donations et les testaments faits en Angleterre, selon les formes du pays, étaient valables en France. (V. page 19.)

10. *Timbre*. — Le timbre n'est exigé que lors de l'ouverture du testament. Ce droit est plus élevé quand la succession est en *ab intestat* que quand il y a des administrateurs institués.

Les droits de mutation sont de 1 % en ligne directe ; de 5 % pour les frères, sœurs et leurs descendants, et de 10 % pour les degrés plus éloignés et les legs faits aux étrangers à la famille. (*Statut Georges III, chap. 184, n° 55.*)

(1) 2 Bl. com. 137.
(2) 1 Bl. com. 460.
(3) 1 Bl. com. 442.—Co. lit. 112 a.

CHAPITRE VINGT-UNIÈME.

Des hypothèques et morts-gages (1).

1. Il existe deux modes d'affectation des biens : le premier résulte d'un jugement de condamnation ; ce jugement peut être inscrit sur le registre général tenu à la cour des plaids communs. Les jugements étrangers et les sentences arbitrales, rendus exécutoires par la cour de chancellerie, produisent le même effet. Leur inscription constitue une charge sur les biens du débiteur.

2. Le deuxième mode est le mort-gage, qui est l'engagement d'un immeuble pour sûreté du payement d'une créance. Il consiste dans le transport de la propriété du bien, avec la condition que si le débiteur rembourse au terme stipulé il rentrera dans ce bien. C'est à peu-près comme une vente sous pacte de rachat.

(1) Il y a aussi le *vif-gage*, qui est l'affectation d'une chose mobilière au payement de la créance. (V. la concordance des lois hypothécaires françaises et étrangères, page 46, 1re partie, et page 86, 2e partie.)

7

L'acte qui constate le mort-gage se fait en double original sur papier timbré proportionel, à peine de nullité.

3. Le débiteur peut racheter sa propriété en remboursant le créancier, tant que la forclusion n'a pas été prononcée, ou dans les vingt années après l'expiration du terme.

4. Dans la pratique, les cours, au lieu de prononcer la forclusion, ordonnent la vente de l'immeuble aux enchères pour payer les créanciers.

5. Le créancier ne se met jamais en possession du bien affecté, car il y aurait toujours dépossession à la suite du remboursement.

6. Les titres de propriété sont entre les mains du créancier primitif, les créanciers postérieurs lui remettent un avertissement destiné à garantir leurs droits et à fixer leurs rangs par la date de cet avertissement, qui reste annexé aux titres de propriété que le premier créancier garde comme dépositaire.

7. Le créancier, pour conserver ses droits à l'égard des tiers, doit ou se faire remettre les titres de propriété, ou y faire annexer son avertissement écrit.

8. Tout créancier ou ayant cause du débiteur peut exercer le droit de rachat de celui-ci, en remboursant le prix des morts-gages antérieurs aux siens.

CHAPITRE VINGT-DEUXIÈME.

Du nantissement.

1. Le gage *(pawn)* s'entend du nantissement des choses mobilières, que le créancier a le droit de retenir jusqu'au payement. La simple délivrance suffit pour constituer le gage et le privilége tant que la chose reste entre les mains du créancier (1).

2. Si, au jour de l'échéance de la créance, le payement n'est pas effectué, le créancier peut vendre le gage. A défaut de fixation d'époque de payement, le gage pourra être vendu aux enchères publiques un an après la stipulation du gage (2).

3. Le débiteur reste propriétaire du gage ; tant que la chose engagée n'est pas vendue, il peut la reprendre en payant sa dette (3).

(1) 3 Bulst. 17.—1 Bulst. 29.—39 et 40. Geo. III. ch. 99. § 6.
(2) 1 Roll. Rep. 181. 215. — 39 et 40. Geo. III. ch. 99. § 17.
(3) 1 Iust. 205.—Spep. 106.

4. Le créancier peut user du gage lorsqu'il faut le soigner, comme quand il s'agit d'une vache, d'un cheval, etc. Mais si le gage se détériore par l'usage, il ne peut s'en servir sous peine de responsabilité (1).

(1) Owen 124.—2 Salk 522-268.—Co. lit. 89. a.

CHAPITRE VINGT-TROISIÈME.

De la contrainte par corps.

1. Tout créancier d'une somme qui excède 20 livres (500 fr.) peut, sans fournir caution, en justifiant que le débiteur est prêt à quitter l'Angleterre, obtenir du juge un ordre d'arrestation *(warent)* (1).

2. Les jugements de condamnation peuvent être exécutés même avec contrainte par corps ; si ces condamnations excèdent 20 liv. (500 fr.), le créancier a le droit d'obtenir du shérif un ordre d'exécution *(writ of copias ad satisfaciendum)*, en vertu duquel le débiteur est incarcéré jusqu'au parfait payement de sa dette (2).

3. Dès son renfermement, nul ne peut obtenir de droits privilégiés sur ses biens.

(1) 1 et 2. Vict. ch. 110. § 1. 3. 4.
(2) 7 et 8. Vict. ch. 96. § 57.—25. Ed. III. ch. 17.

4. Les pairs et les membres du parlement ne sont pas contraignables par corps.

5. Le débiteur non commerçant, ou s'il est commerçant et que ses dettes ne s'élèvent pas à 300 liv. (7,500 fr.), peut obtenir son élargissement, en faisant la cession de ses biens (1).

6. Les jugements des *county courts* (tribunaux de première instance), n'entraînent pas, comme les décisions des cours supérieures, l'exécution avec contrainte par corps.

7. La banque, ni le haut commerce ne font pas usage ordinairement de ce mode d'exécution,

8. Le débiteur condamné est sans cesse exposé aux poursuites de son créancier ; car, la nuit comme le jour et en tout lieu quelconque il peut être saisi, même pour les dépens, ce qui n'existe pas en France si le capital est acquitté.— Il ne lui est pas même dû des aliments dans la prison, et aucune limite n'est fixée pour la durée de son incarcération (2).

9. Il est à remarquer qu'en matière de lettres de change, les frais ne sont répétés que contre le débiteur principal et jamais contre les endosseurs, ce qui atténue à leur égard l'exercice de la contrainte par corps.

(1) 7 et 8 Vict. ch. 96. § 6.—51. 2.—1. 28.
(2) L'Angleterre comparée à la France (1851), p. 41.—(Loi française du 17 avril 1832, diff.)

APPENDICE [1].

Observation.—Les étrangers ont été longtemps l'objet de répulsion du sol de l'Angleterre ; les divers statuts intervenus successivement, depuis les temps les plus reculés, portaient des dispositions dont on a enfin reconnu l'exagération. Un État aussi considérable et aussi influent que l'Angleterre ne pouvait rester isolé au milieu de la civilisation européenne, et rejeter les étrangers qui venaient s'y fixer, en leur refusant des droits qu'un citoyen libre veut pouvoir exercer dans le pays où il consent à résider.

(1) Ces notes ne contiennent en grande partie que les statuts cités dans ce Manuel. Ils ont été extraits de l'ouvrage intitulé : *Le Code des Étrangers*, 1 vol. in-8°, par M. Le Baron. — Nous avons cru devoir cependant analyser ou, pour mieux dire, approprier à notre langage de Droit français la plupart des articles, dont la longueur et la diffusion étaient d'une difficile intelligence pour les étrangers.

On sentit donc la nécessité de réformer la législation sur les Étrangers. Une première motion présentée dans ce but par M. Hutt, le 9 mars 1843, fut d'abord rejetée; mais la Chambre des communes, saisie de la demande, nomma un comité spécial, chargé de s'informer de l'état de la législation à l'égard des Étrangers et de tout résidant dans le Royaume-Uni; il eut aussi la mission de recueillir, au besoin, tous les renseignements et tous les témoignages qui lui seraient nécessaires pour éclairer la question, et de désigner les mesures propres à réformer les lois sur cette matière importante.

Le 2 juin 1843, ce comité fit son rapport qu'il a paru curieux et nécessaire de faire connaître, comme point de constatation de l'amélioration des usages et des mœurs d'un peuple éclairé; c'est à la suite de ce rapport qu'intervint le statut 7 et 8 de la reine Victoria (6 août 1844), qui forme l'état de la législation actuelle en Angleterre sur les Étrangers.

Note **A.**

Rapport fait par un comité spécial de la Chambre des communes, le 20 juin 1843, concernant les lois relatives aux étrangers, avec le statut 7 et 8, Victoria, chap. 66 (6 août 1844), rendu par suite de ce rapport.

Les lois concernant les étrangers résidant en Angleterre sont aujourd'hui substantiellement dans le même état qu'à la fin du règne de Guillaume III.

La partialité que ce souverain montra envers les officiers et partisans hollandais qu'il amena avec lui dans ce royaume, avait soulevé dans l'esprit public une aversion et une jalousie considérables contre les étrangers qui venaient s'établir en Angleterre, et pendant son règne ces sentiments furent encore augmentés par la perspective prochaine de l'accession au trône anglais de Georges Ier, également étranger et entouré de favoris étrangers. La conséquence fut que, par le statut 12 et 13 de Guillaume III, chap. 2, les étrangers furent placés sous des incapacités civiles rigoureuses. « Aucun autre pays, dit M Hallam en « rapportant ce statut, autant que je sache, n'a adopté des « incapacités aussi restrictives. »

Les lois qui ont été promulguées depuis, et qui sont aujourd'hui en vigueur pour réglementer les priviléges des étrangers en Angleterre (notamment 1, Georges Ier, chap. 4 ; statut 14, Georges III, chap. 84 ; et statut 3 et 4, Guil-

7.

laume IV, chap. 54, 55), ont plutôt aggravé qu'amélioré les incapacités imposées par l'acte de limitation seulement.

Les étrangers dans la Grande-Bretagne sont exclus de la possession de biens immeubles et de quelques espèces de propriétés personnelles. Ils ne peuvent prendre de maisons à bail sans encourir les dangers de la confiscation. Ils ne peuvent posséder de bâtiments anglais enregistrés, ni y avoir un intérêt quelconque. Ils ne peuvent réclamer de priviléges commerciaux en vertu de traités anglais avec les autres États, et ils sont totalement exclus des places et offices de confiance civils et militaires.

En obtenant de la couronne des lettres patentes de dénization, les étrangers sont relevés de ces incapacités, en ce sens qu'ils peuvent posséder et transmettre toutes sortes de propriétés réelles et personnelles ; mais ils ne peuvent transmettre leurs propriétés réelles qu'à ceux de leurs enfants qui sont nés postérieurement à leur dénization. Ils ont aussi le droit, quand ils y sont autorisés, de voter aux élections des membres du Parlement.

En obtenant du Parlement un acte de naturalisation, les étrangers acquièrent tous les priviléges de la dénization, avec quelque chose de plus. Les étrangers naturalisés peuvent hériter de propriétés réelles et les transmettre à tous leurs enfants, sans distinction de l'époque de leur naissance ; et lorsqu'ils ont résidé en Angleterre pendant sept années à partir de leur naturalisation, sans avoir fait une absence de plus de deux mois à la fois, ils ont droit aux avantages des traités anglais quant à leurs relations commerciales avec les États étrangers.

De l'enquête faite par le comité il paraît douteux si les incapacités qui affectent les personnes de naissance étrangère et résidant en Angleterre, ne sont pas plus rigoureuses que celles dont sont frappées les mêmes classes de personnes dans les autres États de l'Europe.

Quoi qu'on puisse alléguer en faveur du présent système à la fin du 17e siècle, lors même qu'il serait appuyé par les arguments pris dans les circonstances politiques de l'époque, il ne peut se justifier aujourd'hui par des motifs d'une nécessité spéciale.

Il a souvent été avancé par les écrivains économiques qu'il serait désirable pour chaque nation d'encourager l'établissement des étrangers chez elle, parce que c'est un moyen d'avoir une instruction pratique dans les connaissances qu'il lui importe le plus d'avoir, et de mettre à profit tout ce que la sagacité, le génie et l'expérience dans les sciences et les arts peuvent avoir produit de plus parfait. Rarement les hommes émigrent vers les pays étrangers, si ce n'est pour améliorer leur condition ; dans les circonstances ordinaires ce but ne peut être atteint que quand ils ont des connaissances, des talents et un genre d'économie supérieure à ceux en usage dans le pays qu'ils adoptent, et dont la possession particulière peut compenser pour eux cette foule de désavantages qu'ils y trouvent en leur qualité d'étrangers. Cette émigration de pareils étrangers dans un pays quelconque doit toujours être encouragée par des avantages réciproques.

Concluant donc qu'il est plus convenable de protéger que de décourager l'admission des étrangers adroits et indus-

trieux dans la communauté bretonne, votre comité est d'a-
vis que le mode d'admission aujourd'hui pratiqué donne lieu à des objections de deux espèces : la première provenant des frais à faire pour obtenir soit un acte du Parlement, soit un acte de la prérogative royale; la seconde
provenant des délais pour arriver à cet acte.

Votre comité considère aussi qu'il est fort à désirer
qu'on augmente les priviléges à accorder aux étrangers
par la naturalisation.

Les dépenses à faire pour arriver à un acte de naturalisation ont été représentées au comité comme ne devant pas
dépasser cent livres sterling (2,500 fr.)

Le nombre d'étrangers naturalisés en Angleterre ne
s'élève pas, tout compte fait, à plus de huit par année; et
cela n'est pas surprenant. La dépense d'un acte du Parlement est considérable, et la plus grande latitude avec laquelle le Parlement admet les étrangers aux droits de sujets
bretons ne s'étend guère au delà du privilége de posséder
des immeubles en Angleterre, au même titre que les sujets
naturels, privilége que la France et les autres États européens accordent à tout le monde sans restriction et sans
enquête.

Les priviléges acquis par la dénization ne vont pas même
jusqu'à ces légers avantages, et cependant les frais de lettres patentes de dénization ne sont pas moindres de 120 livres sterling (3,000 fr).

La dénization est accordée par l'autorité de la couronne,
par l'intermédiaire du secrétaire d'État au département de
l'intérieur qui est le maître d'accorder ou de refuser aux

étrangers les droits des sujets-nés, mais dans la pratique seulement et non dans le droit.

Votre comité est d'avis qu'il serait avantageux d'investir ce ministre du plein pouvoir d'accorder aux étrangers tous ces droits, ainsi que la capacité de remplir tous ceux des offices et emplois qui ont pour but la présente enquête, et dont ils sont exclus par l'acte de limitation. De cette manière, la forme de la dénization serait fiscalement abolie pour l'avenir.

La partie la plus importante de l'enquête soumise à votre comité est celle concernant l'étendue des droits anglais, qu'il serait convenable de concéder aux étrangers résidants en leur accordant la naturalisation.

Quant aux étrangers de bonne réputation, et particulièrement les fabricants et artisans qui sont venus en Angleterre avec l'intention de s'y établir, plusieurs témoins firent douter s'il fallait leur refuser quelques-uns des droits des sujets naturels qu'ils pouvaient exercer avec avantage. Si ceux qui apportent dans notre patrie une industrie profitable ont la volonté de remplir toutes les obligations de sujets anglais et d'entrer dans tous les intérêts bretons, il paraîtrait d'une politique judicieuse de leur accorder, dans ce cas, tous les priviléges anglais. La perspective de ces priviléges amènerait probablement sur nos rivages des étrangers tout à fait utiles à notre intérêt national. Le succès remarquable avec lequel Venise, les villes anséatiques, et plus particulièrement la Hollande (comme cela est constaté par un document appelé *la Richesse de la Hollande*), attirèrent sur leurs territoires le savoir, le génie et l'esprit entreprenant des autres nations en offrant aux étrangers le droit de bourgeoisie ; les avantages extraordinaires que ces États en retirèrent, sont assez présents à tous les esprits. Nous trouvons aussi dans notre histoire quelques faits semblables.

Sous le règne de Charles II, à cette époque qui fut emphatiquement appelée « l'ère des bonnes lois, » un acte fut passé, accordant les droits civils de toute espèce aux étrangers qui s'y livreraient aux travaux variés qui avaient quelque connexion avec les fabriques de chanvre et de lin, ou avec les fabriques de toute espèce de tapisserie. Il est prouvé, dit-on, que cette loi fut très-avantageuse à l'industrie anglaise.

L'acte anglais de Charles II, qui invitait certaines classes d'étrangers industriels à s'établir en Angleterre, fut, on doit le dire, abrogé par le statut 12 et 13 de Guillaume III, chap. 2 ; et par ce motif, les étrangers fabricants ont cessé depuis longtemps de se réfugier en Angleterre. L'industrie étrangère ne vient plus chercher un asile dans notre patrie ; et quand les artisans anglais vont s'établir librement dans les autres contrées, qu'ils y portent avec eux et y répandent la connaissance des procédés de fabrication auxquels l'Angleterre est redevable de son bien-être commercial et de son pouvoir politique, nos lois n'accordent pas tout l'encouragement qu'on pourrait désirer pour engager les étrangers à s'établir parmi nous.

Votre comité recommande que des dispositions soient prises par la loi pour admettre plus facilement les étrangers résidant en Angleterre, à jouir des droits que la législature jugera à propos de leur concéder, et que ces droits comprennent la capacité de remplir des offices de confiance et certains emplois civils et militaires.

Quelques doutes ont été exprimés par un des témoins, dont le jugement et l'expérience ont droit à une grande déférence (lord Ashburton), sur la question de savoir s'il serait convenable de revêtir une personne de naissance étrangère des fonctions de juge de paix. Sans doute qu'un individu auquel la langue, les lois et les coutumes anglaises ne seraient pas familières paraîtrait inéligible à cette magistrature ; mais cette exclusion ne saurait être généralement applicable à ceux que nos lois considèrent comme étrangers. Quelques personnes sont frappées d'aliénat par nos lois, qui pourtant sont et ont toujours été membres de la communauté anglaise sous tous les rapports, sauf les légalités techniques. Il y en a d'autres qui, par une longue résidence dans le royaume (et notamment quand cette résidence date des jeunes années), et par des rapports continus et constants avec la société anglaise, ont toute la capacité nécessaire pour remplir légalement des fonctions judiciaires et obtenir par ce moyen la satisfaction du public. Ces personnes, surtout si, dans la dernière classe comme dans la première, elles sont attachées au pays par des propriétés foncières, par le mariage et par toute autre relation sociale, ne semblent pas à votre comité incapables des fonctions de juge de paix : et comme la capacité de chaque individu, pour l'exercice de ces fonctions, est une matière dont la considération est du domaine du pouvoir exécutif, votre comité ne croit pas devoir recommander qu'une incapacité générale soit sous ce rapport attachée à la naturalisation des étrangers.

Il y a encore des incapacités autres que celles établies contre les étrangers naturalisés par l'acte de limitation, il est à désirer qu'ils en soient affranchis. Par le statut 3 et 4 de Guillaume IV, chap. 54 et 55, les personnes de naissance étrangère ne peuvent posséder de bâtiment anglais enregistré, de telle sorte qu'un étranger exerçant la profession de marchand à Londres est contraint par la loi de reporter sur des bâtiments construits dans d'autres pays, le capital qu'il aurait mis sur des vaisseaux anglais. « Il existe, » dit M. M'Gregor dans sa déclaration devant le comité, » des marchands étrangers qui, au lieu de devenir proprié- » taires de vaisseaux anglais, ont placé leurs fonds sur des » vaisseaux construits à Archangel, Dantzig et Rotterdam; » et il y a plusieurs bâtiments de construction étrangère » dans le commerce napolitain également possédés par des » sujets anglais et siciliens. »

Mais le mal ne se borne pas là. Le vaisseau étranger est nécessairement monté par des marins étrangers, conformé- ment aux lois de navigation des autres États; et par une des clauses de nos lois de navigation, il est défendu d'im- porter dans le Royaume-Uni aucunes marchandises, excepté celles produites par le pays où le bâtiment est enregistré, c'est-à-dire qu'un bâtiment construit à Hambourg ne peut importer dans la Grande-Bretagne aucune des productions des autres États de l'Europe (à l'exception de certains ar- ticles spécialement nommés), ni aucune des productions de l'Asie, de l'Afrique ou de l'Amérique.

En vertu du statut 14 de Georges III, chap. 84, nul étranger naturalisé ne peut réclamer dans les pays étrangers aucun des avantages commerciaux qui y sont accordés aux sujets anglais, à moins qu'il n'ait résidé dans le Royaume-Uni pendant sept ans, à partir de la date de l'acte du Parlement, sans avoir jamais fait une absence de plus de deux mois à la fois. Cette loi doit causer des difficultés considérables aux étrangers qui se livrent au commerce dans le royaume ; et le motif sur lequel elle se fonda pour empêcher les étrangers d'obtenir les droits de sujets anglais, à l'effet de pouvoir, à l'aide de ces avantages, se rendre dans d'autres pays, serait pratiquement garanti si on mettait, comme condition de la naturalisation, l'intention de s'établir et de demeurer dans le royaume, et si cette intention était soigneusement reconnue au département de l'intérieur avant la délivrance du certificat.

Plusieurs des témoins entendus par le comité ont émis l'opinion formelle qu'il serait convenable de permettre aux étrangers d'acquérir des propriétés réelles dans le royaume, avec la même facilité qu'on le fait en France et dans les autres États européens. On prétend que les étrangers ont la faculté de posséder des propriétés foncières de quelque étendue, qu'en payant les frais de lettres de dénization ils peuvent acquérir le droit légal de posséder une propriété foncière, que la loi qui défend à l'étranger de posséder un immeuble étant ouvertement et facilement éludée et cette loi étant comme celles auxquelles l'État ne peut commander l'obéissance, il serait bien plus convenable de les abandonner et de les abroger.

D'un autre côté, on a remarqué que si on adoptait un meilleur système de conférer aux étrangers les droits des indigènes, que si les formalités étaient rendues moins coûteuses et plus expéditives, il en résulterait un léger mal pratique d'attacher à la naturalisation la capacité pour l'étranger de posséder des immeubles. On a reconnu aussi que, comme dans la Grande-Bretagne certains devoirs civils et moraux sont considérés comme attachés à la possession de propriétés foncières, devoirs qui pourraient être difficilement remplis par les étrangers non-résidants, il conviendrait mieux à l'intérêt de l'État, en ce sens, de refuser aux étrangers non domiciliés en Angleterre la capacité d'être propriétaires de biens immobiliers.

L'attention du comité s'est arrêtée sur le statut 4 et 5 de Guillaume IV, chap. 5, appelé l'Acte des étrangers (*Alien. Act.*), lequel exige que tout étranger qui débarque en Angleterre exhibe immédiatement son passe-port à l'officier en chef de la douane au port de son débarquement, et lui déclare verbalement ou par écrit son nom, le lieu de sa naissance et le pays d'où il vient, sous la sanction pénale de 2 livres sterling (50 fr.) en cas de négligence ou de refus. Tel est cet acte du Parlement; mais il est très-généralement éludé par les étrangers et n'est jamais protégé par les autorités.

Pendant l'année 1842, il paraît que sur le nombre des étrangers qui furent officiellement désignés pour être débarqués à Londres, moins de la moitié se sont conformés aux prescriptions de cet acte ;

Que, durant la même année, sur 794 étrangers débarqués à Hull, un seul fut enregistré ;

Qu'à Southampton, où 1174 étrangers arrivèrent dans le cours de la même année, pas un seul ne fut enregistré ;

Qu'à Liverpool, pendant la même année, aucun étranger ne fut enregistré, et il n'y eut pas même un rapport fait sur le nombre de leurs arrivées.

En effet, il n'y a dans le statut aucune disposition pour le recouvrement de la pénalité en cas de désobéissance.

Votre comité ne veut pas terminer la tâche qu'il a acceptée sans rappeler son opinion, à savoir : qu'il est tout à fait convenable de consolider et d'amender la loi entière concernant l'aliénat. Aujourd'hui cette loi n'est remarquable ni par sa clarté ni par son uniformité, et son opération est occasionnellement frappée de hardiesse et de mépris.

Note B.

Loi concernant les Étrangers, les 6e et 7e année de Victoria (6 août 1846).

Considérant qu'il est convenable d'amender les lois aujourd'hui en vigueur concernant les étrangers, et de donner à S. M. le pouvoir d'accorder aux étrangers les droits et capacités des sujets bretons, sous les régularisations et avec les restrictions et exceptions ci-après ; et, vu un acte du parlement de la douzième année du règne de Guillaume III, intitulé : *de la limitation ultérieure de la couronne et des moyens d'assurer les droits et libertés des sujets* ; vu un autre acte du Parlement de la première année du règne de Georges I, intitulé : *acte pour expliquer l'acte de la douzième année du règne de Guillaume III* ; vu encore un autre acte du Parlement, de la quatorzième année du règne de Georges III, intitulé : *acte pour prévenir certains inconvénients qui peuvent résulter des bills de naturalisation.*

ARTICLE 1er.

« Il est ordonné par la Reine, et du consentement du » Parlement et de son autorité, que les dispositions des- » dits actes, en tant qu'elles sont incompatibles avec les » dispositions du présent acte, sont abrogées. »

ARTICLE 2.

» Sont abrogées les dispositions de l'acte de la 1re an- » née de Georges Ier, qui veut que nul ne soit dorénavant » naturalisé, si le bill proposé à cet effet ne contient pas » des clauses ou des mots spéciaux déclarant que l'im- » pétrant ne deviendra pas, par cela même, capable d'être » du conseil privé ou membre de l'une ou l'autre cham- » bre du Parlement, ou d'occuper aucun office soit civil » soit militaire, ou de recevoir de la couronne, par lui » ou par un tiers interposé pour lui, aucune concession

» de terres, tènements ou autres héritages, et qu'aucun bill
» de naturalisation ne soit à l'avenir reçu dans l'une ou
» l'autre chambre du Parlement, à moins que ces clauses
» ou mots n'y soient préalablement insérés. »

ARTICLE 3.

*Tout individu né d'une mère anglaise est capable de pos-
séder des biens meubles et immeubles.*

« Il est ordonné que tout individu aujourd'hui né ou
» qui naîtra à l'avenir hors des domaines de Sa Majesté,
» d'une mère sujette naturelle-née du Royaume-Uni, sera
» capable d'appréhender pour lui, ses héritiers, exécuteurs
» ou administrateurs, toute espèce de propriété personnelle
» ou réelle, par suite de legs, acquisition ou héritage de
» succession. »

ARTICLE 4.

*Les étrangers amis peuvent posséder toute espèce de biens
personnels, mais non des immeubles.*

« Il est ordonné qu'à partir de et après la passation du
» présent acte, tout étranger sujet d'un État ami prendra,
» appréhendera, et pourra prendre et appréhender, à titre
» d'achat, de donation, de legs, de représentation, ou de
» toute autre manière, toute espèce de propriétés person-
» nelles, à l'exception de propriétés immobilières, et ce,
» aussi complétement et efficacement sous tous les rapports
» et avec les mêmes droits, actions, exceptions, priviléges
» et capacités, que s'il était sujet-né du Royaume-Uni. »

ARTICLE 5.

Les étrangers amis peuvent avoir des biens immeubles dans un but de résidence, etc, mais pendant vingt-un ans seulement.

« Il est ordonné que tout étranger, sujet d'un État ami,
» résidant aujourd'hui ou qui viendra dorénavant résider
» dans une partie du Royaume-Uni pourra, par suite de
» concession, bail, décès, assignement, legs, représenta-
» tion, ou de toute autre manière, occuper et tenir des
» terres, maisons ou autres héritages, dans un but de ré-
» sidence ou d'occupation par lui-même ou ses serviteurs,
» ou dans un but d'affaires, de commerce ou de fabrication,
» pour un temps qui n'excédera pas vingt-une années, et
» ce, aussi complétement et efficacement sous tous les
» rapports, avec les mêmes droits, actions, exceptions
» et priviléges, que s'il était sujet naturel-né du Royaume
» Uni, à l'exception du droit de voter aux élections des
» membres du Parlement. »

ARTICLE 6.

Pour être naturalisé, l'étranger doit obtenir un certificat, prêter un serment et résider dans le Royaume-Uni.

« Il est ordonné que sur l'obtention du certificat, et après
» la prestation du serment ci-après prescrits, tout étran-
» ger aujourd'hui résidant, ou qui viendra dorénavant ré-
» sider dans une partie de la Grande-Bretagne et de l'Ir-
» lande, avec l'intention de s'y établir, jouira de tous les
» droits et capacités dont un sujet naturel-né du Royaume-

» Uni peut jouir ou qu'il peut transmettre, mais que cet
» étranger ne sera pas capable d'être du conseil privé de
» Sa Majesté, ni membre de l'une ou de l'autre chambre
» du Parlement, ni jouir d'aucuns autres droits et capa-
» cités, s'il en a aucuns, que ceux qui seront spécialement
» exceptés dans le certificat qui sera délivré de la manière
» ci-après mentionnée. »

ARTICLE 7.

*La pétition doit être examinée par le secrétaire d'État au
département de l'intérieur, qui peut délivrer le certificat.*

« Il est ordonné qu'il est permis à tout étranger ci-de-
» vant mentionné de présenter à l'un des principaux se-
» crétaires d'État de Sa Majesté une pétition comprenant
» l'âge, la profession, le commerce ou toute autre occupa-
» tion du pétitionnaire, la durée de sa résidence dans la
» Grande-Bretagne ou l'Irlande, et les autres motifs sur
» lesquels il se fonde pour obtenir les droits et capacités
» de sujet naturel-né breton, et demandant audit secrétaire
» d'État d'accorder au pétitionnaire le certificat ci-après
» mentionné. »

ARTICLE 8.

*Le certificat doit être enregistré dans la cour de la chan-
cellerie.*

« Il est ordonné que toute pétition sera examinée par
» ledit secrétaire d'État, qui s'informera des circonstances
» de chaque pétition, et recevra telles preuves qui résul-
» teront, soit d'*affidavit*, soit de toute autre manière,

» ainsi qu'il le jugera nécessaire et propre à prouver la vé-
» rité des allégations consignées dans cette pétition ; et si
» ledit secrétaire d'État le trouve convenable, il pourra
» délivrer un certificat qui relatera les dispositions de la
» pétition qu'il considérera comme vraies et matérielles,
» et accorder au pétitionnaire (sur la prestation du ser-
» ment ci-après prescrit) tous les droits et capacités d'un
» sujet naturel-né breton , excepté la capacité d'être
» membre du conseil privé ou membre de l'une ou de
» l'autre chambre du Parlement, excepté aussi les droits et
» capacités (le cas échéant) spécialement exceptés dans et
» par ce certificat. »

ARTICLE 9.

L'étranger qui demande la naturalisation doit présenter une pétition à cet effet.

« Il est ordonné que ce certificat sera enregistré, pour
» sûreté de sa conservation, comme *record* dans la haute-
» cour de chancellerie de Sa Majesté, qu'il pourra être vé-
» rifié et en être délivré des copies, sous telle régularisa-
» tion qu'il plaira au lord haut chancelier d'établir.

ARTICLE 10.

Serment à prêter.

Il est ordonné que, dans les soixante jours à partir du
'our de la date de ce certificat, tout pétitionnaire auquel

auront été accordés des droits et capacité par ce certificat, prêtera et souscrira le serment suivant, savoir :

« Je A. B. promets sciemment et juré que je serai fi-
» dèle et tiendrai loyale allégeance à Sa Majesté la reine
» Victoria ; que je la défendrai de toute ma puissance
» contre toutes conspirations ou attentats quelconques qui
» pourraient être formés contre sa personne, sa couronne
» ou sa dignité ; et je ferai tous mes efforts pour découvrir
» et faire connaître à Sa Majesté, ses héritiers et succes-
» seurs, toutes les trahisons et conspirations traîtresses qui
» pourraient être formées contre elle ou eux ; et je promets
» fidèlement de maintenir, supporter et défendre de toute
» ma puissance la succession de la couronne, laquelle suc-
» cession, par un acte intitulé : *Acte pour la limitation*
» *ultérieure de la couronne, et mieux garantir les droits et*
» *libertés du sujet,* est et demeure limitée à la princesse
» Sophie, électrice de Hanovre, et aux héritiers de son
» corps, protestants ; renonçant entièrement par les pré-
» sentes, et abjurant toute obéissance ou allégeance à toute
» autre personne réclamant ou prétendant un droit à la
» couronne de ce royaume. — Ainsi Dieu me soit en aide. »

Lequel serment sera prêté et souscrit par tout pétitionnaire, et lui sera dûment administré devant l'un des juges
de Sa Majesté de la cour du banc de la reine ou de la cour
des plaids communs ou de la cour de l'échiquier, ou devant
un maître ou maître extraordinaire en chancellerie ; et le
juge, maître ou maître extraordinaire en chancellerie, soit
en Angleterre, soit en Irlande, devant lequel ce serment
peut être administré, délivrera au pétitionnaire un certi-

ficat conforme à la prestation et souscription de son serment, lequel sera signé par le juge, le maître ou le maître extraordinaire en chancellerie devant lequel ce serment sera administré.

ARTICLE 11.

Formalités pour obtenir le certificat.

Il est ordonné que les différentes formalités prescrites par cet acte pour obtenir le certificat ci-devant mentionné seront réglementées de la manière qui sera indiquée de temps en temps par ledit secrétaire d'État.

ARTICLE 12.

Montant des frais à payer.

Il est ordonné que les frais à payer à raison des formalités prescrites seront fixés et réglés par les commissaires du trésor de Sa Majesté.

ARTICLE 13 à 15.

Dispositions transitoires.

ARTICLE 16.

Il est ordonné que toute femme mariée, ou qui se mariera avec un sujet naturel-né, ou avec un individu naturalisé, sera prise et considérée comme étant naturalisée elle-même, et aura tous les droits et priviléges d'un sujet naturel-né.

Note **C.**

**Formalités prescrites pour obtenir le certificat de naturalisation. —
Ministère de l'intérieur (28 novembre 1845).**

———

« Les formalités ordonnées par le secrétaire d'État, relati-
» vement aux certificats de naturalisation en conformité du
» statut 7 et 8, Victoria, chap. 66, intitulé : *Acte pour amen-
» der les lois concernant les étrangers*, sont les suivantes :

» 1° Dans toute demande au secrétaire d'État tendante à
» obtenir un certificat de naturalisation, l'impétrant sera
» tenu de présenter à l'un des principaux secrétaires d'État
» de Sa Majesté un mémoire ayant pour objet de deman-
» der la délivrance de ce certificat, et constatant :

» De quelle puissance amie il est le sujet ;

» Son âge, sa profession, son commerce, ou toute autre
» occupation ;

» S'il est marié et s'il a des enfants ;

» Le lieu où il a fixé sa résidence, et depuis quel temps
» il réside dans le Royaume-Uni ;

» Si son intention est d'y continuer une résidence per-
» manente ;

» Et tous les autres motifs sur lesquels il s'appuie pour
» obtenir les droits et capacités d'un sujet naturel-né
» breton.

» 2° L'impétrant sera tenu de passer un *affidavit* devant
» une personne autorisée à recevoir ces sortes d'actes,

» qui établira la vérité de toutes les circonstances portées
» au mémoire.

» 3° Il y joindra une déclaration faite et signée par quatre
» maîtres de maison au moins, qui attestera la probité et
» la loyauté de l'impétrant, la sincérité des différentes
» particularités relatées dans sa demande et servant de
» base à l'obtention du certificat : cette déclaration sera
» faite en due forme devant un magistrat, ou toute autre
» personne autorisée à recevoir de telles déclarations, con-
» formément à un acte passé dans les 5e et 6e années de
» feu Sa Majesté le roi Guillaume IV. »

Note **D.**

Statut 6 et 8, Guillaume IV, chap. 85.

CÉDULE (C).

Licence de mariage.

A. B., secrétaire général du. ..., à C. D....., de....,
et E. F. de....., salut.

Considérant que vous avez le projet de passer un contrat
de mariage, conformément aux dispositions d'un acte fait
dans les 6e et 7e années du règne de Sa Majesté le roi Guillaume IV, intitulé (insérer ici le titre de cet acte), et que

vous êtes désireux de célébrer promptement et publiquement ce mariage ; considérant que vous C. D. (ou vous E. F.) avez fait et souscrit une déclaration sous votre signature, que vous croyez qu'il n'y a pas d'empêchement de parenté ou d'alliance, ou aucun autre empêchement légal audit mariage, et que vous C. D. (ou E. F.) avez (ou a) ou votre (ou son) domicile ordinaire, durant l'espace de quinze jours passés, dans le district de...., et que vous C. D. (ou E. F.) n'étant ni veuf (ou veuve) êtes (ou est) mineur de vingt et un ans, et que le consentement de G. H., dont le consentement à votre (ou son) mariage est requis par la loi, a été obtenu à cet effet (ou qu'il n'y a personne ayant autorité pour donner ce consentement), je, par les présentes, vous octroie pleine licence, conformément au pouvoir qui m'en est donné par ledit acte, de procéder et célébrer ce mariage, comme aussi au secrétaire du district de...., (insérer ici le nom du district où le mariage doit être célébré) d'enregistrer ce mariage conformément à la loi, pourvu que ledit mariage soit célébré publiquement en présence dudit secrétaire et de deux témoins dans les trois mois, à partir de (insérer ici la date de l'enregistrement sur le livre-notice du secrétaire général), à..... (nommer ici le lieu où le mariage doit être célébré), entre huit heures du matin et midi. Donné, sous ma signature, ce 4 mars 1847.

Signé : A. B.,
secrétaire général.

8.

Note E.

Observation.—Un premier statut des 1ʳᵉ et 2ᵉ années de la reine Victoria contenait *des dispositions pour garantir aux auteurs, dans certain cas, les bénéfices du droit international de propriété littéraire.* Les 5ᵉ et 6ᵉ années de ce même règne, il fut publié un autre statut qui comprit, dans la propriété des productions intellectuelles, tout à la fois les productions littéraires, dramatiques, musicales et artistiques; ce statut modifia ainsi le précédent.

Ces actes ne formaient pas cependant un ensemble satisfaisant, et il fut reconnu nécessaire de régler avec plus d'uniformité tout ce qui constitue la propriété intellectuelle; c'est ce que fait le statut 7 de Victoria, chap. 12; mais ce statut, rappelant dans son article 8 plusieurs dispositions de l'acte modificatif des 5ᵉ et 6ᵉ années de Victoria, on a jugé indispensable de le reproduire.

Statut 5 et 6, Victoria, chap. 45.

Acte pour amender la loi concernant le droit exclusif de propriété littéraire (1er juillet 1842).

« Considérant qu'il est nécessaire d'amender la loi re-
» lative à la propriété littéraire et de donner un plus grand
» encouragement à la production des œuvres littéraires
» d'un avantage permanent pour tout le monde, il est or-
» donné par la très-excellente Majesté de la reine, de l'avis
» et du consentement des lords spirituels et temporels
» des communes, en Parlement assemblés, et de leur
» autorité :

ARTICLE 1er.

« A partir de la passation de la présente loi, sont abro-
» gés : 1° l'acte 8, Anne, chap. 19 ; 2° l'acte 41, Georges III,
» chap. 107; et 3° l'acte 54, Georges III, chap. 156.

ARTICLE 2.

Interprétation de la loi.

« Dans la construction de la présente loi, le mot *livre* est
» considéré comme signifiant et comprenant *chaque volume,*
» *la division ou partie d'un volume, le pamphlet, la feuille de*
» *lettres imprimées, la feuille de musique, toute carte géo-*
» *graphique ou marine, ou tout plan publié séparément;*
» les mots *pièces dramatiques* seront considérés comme si-
» gnifiant et comprenant *toute comédie, tragédie, pièce de*

» *théâtre, opéra, farce ou toute autre scène, divertissement*
» *musical ou dramatique;* les mots *copyrigth* (droit de
» copie) seront considérés comme signifiant *la liberté seule*
» *et exclusive d'imprimer ou de multiplier de toute autre*
» *manière les copies d'un sujet auquel cette expression s'ap-*
» *plique ici* (c'est ce que nous traduisons par ces mots :
» *droit exclusif de propriété littéraire*); les mots *personne*
» *représentative* seront considérés comme signifiant et com-
» prenant *tout exécuteur, administrateur, et tout proche*
» *parent ayant droit d'administration;* le mot *assigné* est
» considéré comme signifiant et renfermant *toute personne*
» *ayant les droits d'un auteur sur sa propriété exclusive*
» *littéraire, soit que ce droit dérive de l'auteur avant ou*
» *après la publication d'un ouvrage, soit qu'il émane*
« *d'une vente, d'une donation, d'un legs ou d'une opé-*
» *ration de la loi ou de toute autre manière;* les mots
» *domaines bretons* sont considérés comme renfermant et
» signifiant *toutes les parties du Royaume-Uni de la Grande-*
» *Bretagne, de toutes ses dépendances coloniales,* etc. (Voyez
» l'art. 20 du statut 7, chap. 12, ci-après.)

ARTICLE 3.

Durée du droit exclusif de propriété littéraire sur un livre
publié du vivant de l'auteur ou après sa mort.

« Le droit de propriété littéraire sur toute œuvre qui
» sera publiée après la passation de la présente loi pen-
« dant la vie de son auteur, durera aussi longtemps que la
» vie naturelle de cet auteur, et, en outre, pendant sept

» ans, à partir de son décès; il sera la propriété de cet
» auteur et de ses représentants. Si le terme de sept ans
» venait à expirer avant la fin de quarante-deux ans à par-
» tir de la première publication de cette œuvre, le droit
» exclusif de propriété durera, dans ce cas, pendant cette
» période de quarante-deux ans; et le droit exclusif de pro-
» priété sur toute œuvre qui sera publiée après la mort de
» son auteur durera pendant quarante-deux ans à par-
« tir de la première publication, et sera la propriété du
» propriétaire du manuscrit de l'auteur qui aura publié
» cette œuvre pour la première fois, ou de ses représen-
» tants. »

ARTICLE 4.

« Comme il est juste d'étendre les avantages de la pré-
» sente loi aux auteurs d'ouvrages publiés avant sa publica-
» tion, et à l'égard desquels existe déjà le droit de propriété
» littéraire, ce droit qui existera à l'égard de livres publiés
» déjà, sera étendu et durera tout le temps prescrit par
» cette loi pour les livres publiés à l'avenir, et sera la pro-
» priété de la personne qui, au moment de la publication
» de la présente loi, sera propriétaire de ce droit exclusif.
» Dans tous les cas où ce droit exclusif appartiendra, en
» tout ou en partie, à un éditeur ou à toute autre personne
» qui l'aura acquis par toute autre considération que par
» amitié ou affection, ce droit ne sera pas étendu par la
» présente loi, mais il durera tout le temps qu'il y aura à
» courir au moment de la promulgation de cette loi, et pas

» davantage, à moins que l'auteur de cet ouvrage s'il est vi-
» vant, ou son représentant s'il est mort, et le propriétaire
» de ce droit exclusif ne consente avant l'expiration de ce
» terme, à accepter les avantages de la présente loi à l'é-
» gard de ce livre, et ne fasse inscrire la minute de ce con-
» sentement sur le registre qui doit être tenu comme il sera
» dit ci-après, et alors ce droit exclusif durera tout le temps
» prescrit par cette loi pour les livres qui auront paru
» après sa publication, et il sera la propriété de la personne
» ou des personnes désignées dans cette minute. »

ARTICLE 5.

Le comité judiciaire du conseil privé peut autoriser une nouvelle publication des livres que le propriétaire refuse de faire paraître après la mort de l'auteur.

« Comme il est expédient d'établir des dispositions con-
» tre la suppression de certains ouvrages d'une grande im-
» portance pour le public, le comité judiciaire du conseil
» privé de Sa Majesté pourra, sur la plainte à lui faite que
» le propriétaire du droit exclusif d'un livre, après la mort
» de son auteur, a refusé de le réimprimer ou d'en consen-
« tir la réimpression, et qu'en conséquence de ce refus ce
» livre peut être perdu pour le public, accorder au plai-
» gnant la licence de publier ce livre, de telle manière et
» sous telles conditions que le comité jugera convenables ;
» il sera permis à ce plaignant de publier ce livre con-
» formément à cette licence. »

— 143 —

ARTICLE 6.

Il sera remis à la bibliothèque du Muséum britannique, et dans certains délais, des exemplaires de livres publiés après la publication de la présente loi et des éditions subséquentes.

« Il sera déposé à la bibliothèque du Muséum britannique
» un exemplaire imprimé de la totalité de tout livre qui
» sera publié après la passation de la présente loi, ainsi
» que de toutes les cartes géographiques, estampes et autres
» gravures qui en dépendent, du même fini et coloris que
» les meilleurs exemplaires à publier, comme aussi de
» toute seconde ou subséquente édition publiée avec aug-
» mentation ou changement, soit qu'ils consistent dans
» l'impression des lettres, des cartes géographiques,
» estampes ou autres gravures en dépendant, soit que
» la première édition de ce livre ait été publiée avant ou
» après la passation de cette loi ; comme aussi de toute
» seconde ou subséquente édition d'un ouvrage dont
» la première ou précédente édition n'aura pas été remise
» pour l'usage de la bibliothèque du Muséum britanni-
» que ; le tout relié, cousu ou broché, et sur le meilleur
» papier d'impression ; et ce, dans un mois après le jour
» auquel ce livre aura été pour la première fois vendu, pu-
» blié ou annoncé à la vente *dans les bills de mortalité* ; ou
» dans les trois mois, si ce livre a été pour la première
» fois vendu, publié ou annoncé pour la vente dans toute
» autre partie du Royaume-Uni ; ou dans les douze mois
» après qu'il aura été pour la première fois vendu, publié

» ou annoncé pour la vente dans toute autre partie des do-
» maines bretons. Ce dépôt sera fait dans l'intérêt de l'édi-
» teur de cet ouvrage. »

ARTICLE 7.

« Tout exemplaire de livre qui, en vertu des disposi-
» tions de la présente loi, devra être déposé comme il est
» dit, sera remis à la bibliothèque du Muséum britanni-
» que de dix à quatre heures tous les jours, excepté le di-
» manche, le jour des cendres, le vendredi saint et le jour
» de Noël, à l'un des officiers de ladite bibliothèque ou à
» la personne autorisée par les commissaires à le recevoir;
» cet officier ou cette personne, en recevant cet exem-
» plaire, est tenu d'en donner un récépissé par écrit.
» Cette remise sera, sous tous les rapports, considérée
» comme bonne et valable, d'après les dispositions de la
» présente loi. »

ARTICLE 8.

« Un exemplaire de tout ouvrage sera remis, dans le
» mois de la demande qui en est faite à l'officier de la com-
» pagnie des libraires, pour les bibliothèques suivantes :
» Bodléienne à Oxford, la bibliothèque publique de Cam-
» bridge, la faculté des avocats à Édimbourg, et celle du
» Trinité-Collége à Dublin. »

ARTICLE 9.

Les éditeurs ne peuvent déposer leurs exemplaires aux

bibliothèques, au lieu de les déposer à la compagnie des libraires.

« Si un éditeur veut déposer à une bibliothèque l'exem-
» plaire d'un livre demandé pour cette bibliothèque, il lui
» sera loisible d'en faire le dépôt à cette bibliothèque sans
» frais soit au bibliothécaire, soit à toute autre personne
» autorisée à le recevoir (lesquels sont par les présentes
» requis dans ce cas de le recevoir, et d'en donner un ré-
» cépissé écrit), et ce dépôt sera, sous tous les rapports et
» selon le vœu de cette loi, considéré comme équivalant au
» dépôt fait à l'officier de la compagnie des libraires. »

<h2 style="text-align:center">ARTICLE 10.</h2>

Pénalité pour défaut du dépôt des exemplaires destinés aux bibliothèques.

« Tout éditeur d'un livre, ou de la seconde ou subsé-
» quente édition d'un livre, qui négligera de le déposer
» conformément à cet acte, sera passible pour chaque
» contravention, outre la valeur de l'exemplaire du livre
» ou de l'édition dont le dépôt lui est ordonné, d'une pénalité
» qui n'excédera pas 5 livres sterling, laquelle sera recou-
» vrée par le bibliothécaire ou tout autre officier (dûment
» autorisé) attaché à la bibliothèque à laquelle cet exem-
» plaire devra être délivré, et ce avec poursuites sommai-
» res, sur condamnation prononcée par deux juges de paix
» du comté ou du lieu de la résidence de l'éditeur en défaut,
» ou par l'action de dette, ou par toute autre procédure de
» même nature, à la requête de ce bibliothécaire ou de tout
» autre officier, devant une cour quelconque de record du

9

» Royaume-Uni. Si dans cette action le demandeur obtient
» un verdict, il sera remboursé de ses frais raisonnable-
» ment faits et taxés comme entre avoué et client. »

ARTICLE 11.

*Il doit être tenu à la salle des libraires un livre
d'enregistrement.*

« Un livre d'enregistrement sur lequel seront enregis-
» trés, comme il sera dit ci-après, le propriétaire, ou ses
» représentants, du droit exclusif de toute production lit-
» téraire, ainsi que de toutes productions dramatiques et
» musicales, soit en manuscrit, soit de toute autre manière,
» et des licences concernant ce droit exclusif, sera tenu à la
» salle de la compagnie des libraires par l'officier désigné
» à cet effet par ladite compagnie, conformément à la
» présente loi : il pourra être examiné à toute heure
» convenable par toute personne, qui devra payer un shil-
» ling pour chaque recherche ou examen d'enregistre-
» ment porté sur ce livre. Cet officier, toutes les fois qu'il
» en sera convenablement requis, délivrera une copie de
» chaque enregistrement porté sur le registre; cette
» copie sera certifiée par lui et marquée du timbre de la-
» dite compagnie, qu'il doit délivrer à toute personne qui en
» fait la demande, moyennant la somme de 5 shillings pour
» cet officier. Ces copies, ainsi certifiées et timbrées, seront
» reçues comme preuves légales devant toutes les cours, et
» dans toutes les procédures sommaires, et établiront
» *primâ facie* la preuve ou du droit exclusif du propriétaire
» de la production littéraire et de son représentant, ou

» de la licence ci-dessus mentionnée, mais qu'on pourra
» repousser par toute autre preuve ; s'il s'agit de pièces dra-
» matiques et musicales, ces copies feront *primâ facie*
» preuve de représentation ou d'exécution susceptibles
» également d'être combattues, comme il est dit. »

ARTICLE 12.

Tout faux enregistrement est un crime.

« Quiconque fera ou fera faire sciemment un faux enre-
» gistrement sur le livre de la compagnie des libraires, ou
» sciemment produira ou fera présenter comme preuve un
» papier faussement prétendu être une copie d'enregistre-
» ment porté sur ledit livre, sera coupable d'un crime pu-
» nissable, et il sera condamné conformément à ce crime. »

ARTICLE 13.

*L'enregistrement du droit de propriété exclusive doit être
porté sur le registre tenu à cet effet.*

Cet article est modifié par l'art. 8 du statut 7 de Victoria, ci-après.

ARTICLE 14.

*Toute personne lésée par une inscription portée sur le
registre d'enregistrement peut s'adresser à une cour de justice en session, ou à un juge en vacation, lesquels peuvent
ordonner que cette inscription soit changée ou rayée.*

« Quiconque se croira lésé par une inscription faite en
» vertu de la présente loi sur ledit livre d'enregistrement,

» pourra adresser une motion à la cour du banc de la reine,
» à la cour des plaids communs, ou à la cour de l'échiquier,
» pendant leur session, ou s'adresser par sommations
» (assignation) à l'un des juges de ces cours en vacation,
» à l'effet d'ordonner que cette inscription soit rayée ou
» changée. Sur cette motion ou assignation devant ces
» cours ou juges susmentionnés, ces cours ou juges don-
» neront l'ordre de rayer, de changer ou de maintenir cette
» inscription, avec ou sans frais, ainsi qu'ils le jugeront
» convenable. L'officier désigné par la compagnie des li-
» braires, d'après le vœu de cette loi, sur la production
» de cet ordre de radiation ou de changement de cette in-
» scription, la rayera ou la changera conformément aux
» réquisitions portées dans cet ordre. »

ARTICLE 15.

Action spéciale contre la contrefaçon.

« Quiconque, après la publication de cette loi, imprimera
» ou fera imprimer dans un lieu quelconque des domaines
» bretons, soit pour la vente ou pour l'exportation, un
» livre protégé par la loi sur la propriété littéraire, sans
» le consentement par écrit de son propriétaire, ou im-
» portera, pour le vendre ou le louer, un pareil livre
» illégalement imprimé, sera passible d'une action spéciale au
» cas, à la requête du propriétaire du droit ; cette action sera
» portée devant une cour de record dans le ressort de la-
» quelle la contrefaçon aura été commise. En Écosse, le
» contrefacteur sera poursuivi devant la cour de session d'É-

» cosse, comme s'il s'agissait d'une action en dommages-
» intérêts.

ARTICLE 16.

*Dans les actions en contrefaçon, le défendeur est tenu de
donner connaissance des moyens par lesquels il entend repousser les droits du demandeur.*

« Après la publication de la présente loi, dans toute action
» formée dans les domaines bretons contre un individu
» pour avoir imprimé un livre destiné à être vendu, loué
» ou exporté, ou pour l'avoir importé, vendu, publié, ou ex-
» posé en vente ou location, le défendeur, donnera au de-
» mandeur connaissance par écrit de sa défense. Si par la
» nature de cette défense le demandeur au procès n'était
» ni l'auteur ni le premier éditeur du livre qui donne lieu
» à cette action en réclamation du droit exclusif de pro-
» priété littéraire, ou n'était pas le propriétaire de ce droit
» exclusif, ou si tout autre individu que le demandeur était
» l'auteur ou le premier éditeur de ce livre, ou le proprié-
» taire du droit exclusif à sa propriété, dans ces cas, le
» défendeur est tenu de spécifier, dans ses conclusions,
» le nom de la personne qu'il prétend être l'auteur ou le
» premier éditeur de ce livre, ou le propriétaire du droit
» exclusif de sa propriété, en indiquant le titre de ce livre,
» la date et le lieu de sa première publication ; autrement
» il ne sera pas admis à en fournir la preuve, et lors
» du procès et des débats, il ne lui sera permis de présen-
» ter aucune autre défense que celle signifiée dans ses

» conclusions, ou de prétendre qu'un autre individu était
» l'auteur ou l'éditeur de ce livre, ou le propriétaire du
» droit exclusif à sa propriété, ou de présenter, comme
» preuve à l'appui de sa défense, un autre livre que
» celui correspondant substantiellement au titre, à la
» date et au lieu de publication spécifiés dans ses conclu-
» sions. »

ARTICLE 17.

« Après la publication de la présente loi, nul, s'il n'est
» propriétaire du droit exclusif d'une production littéraire,
» ou s'il n'est autorisé par ce propriétaire, ne pourra im-
» porter dans aucune partie du Royaume-Uni ou dans
» toute autre partie des domaines bretons, pour les ven-
» dre ou louer, aucuns livres composés, ou écrits, ou
» imprimés et publiés dans un lieu quelconque du
» Royaume-Uni où est en vigueur la loi sur la propriété lit-
» téraire, et réimprimés dans un pays étranger. Dans ce
» cas ces livres seront confisqués, et seront saisis par les
» officiers de la douane ou de l'excise et détruits par eux.
» Tout contrevenant sera traduit devant deux juges de
» paix du comté ou du lieu où seront trouvés ces livres,
» et encourra, pour chaque contravention, une amende de
» 10 livres sterling, outre le double de la valeur de chaque
» exemplaire de ces livres. Sur cette amende, 5 livres
» sterling seront prélevées en faveur de l'officier de la
» douane ou de l'excise, et le reste sera alloué au proprié-
» taire du droit exclusif. »

ARTICLE 18.

Du droit de propriété sur les productions encyclopédiques périodiques, et autres ouvrages publiés dans des séries, revues et magasins.

« Tout éditeur ou autre individu qui, lors de la publi-
» cation de la présente loi, projettera, entreprendra, exé-
» cutera, ou possédera une encyclopédie, une revue, un
» magasin, une production périodique ou un ouvrage publié
» par séries paraissant à termes fixes, lorsqu'il y insérera
» des ouvrages ou des parties d'ouvrages, avec la permis-
» sion de l'auteur, aura sur ces ouvrages un droit de pro-
» priété exclusive pendant 42 ans (art. 3).

» Mais s'il s'agit d'articles séparés, d'essais, etc. pu-
» bliés pour la première fois dans la revue ou le recueil pé-
» riodique, l'auteur, après un délai de 28 ans, pourra les
» publier sous une forme différente pour le reste du temps
» fixé par la présente loi. Pendant ce délai de vingt-huit
» ans, lesdits propriétaire, entrepreneur, éditeur ou direc-
» teur ne pourront publier, séparément ou seuls, aucun
» essai, article ou portion d'article, sans le consentement
» préalable de leur auteur ou de ses représentants.
» Aucune des dispositions de la présente loi ne changera
» ou n'affectera le droit de quiconque aura publié, sous
» une forme séparée, toute composition qui lui est person-
» nelle, lorsque par un contrat il se sera réservé expres-
» sément ou implicitement ce droit pour lui-même. Tout
» auteur se réservant, retenant ou ayant un tel droit aura
» la propriété exclusive de sa composition quand elle sera

» publiée sous un forme séparée, conformément à la pré-
» sente loi, [sans préjudice du droit du propriétaire, de
» l'entrepreneur, de l'éditeur ou du directeur. »

ARTICLE 19.

« Le propriétaire du droit exclusif dans les encyclopé-
» dies, revues, magasins, ouvrages périodiques ou autres
» ouvrages publiés par séries de livres ou de parties, au-
» ront droit à tous les avantages de l'enregistrement à la
» salle des libraires, aux termes de cette loi, en inscrivant
» sur ce livre d'enregistrement le titre de ces encyclopé-
» dies, revues, ouvrages périodiques ou autres ouvrages
» publiés par séries de livres ou de parties, la date de la
» première publication du premier volume, le numéro,
» le nom et le lieu de la demeure du propriétaire et de
» l'éditeur, si cet éditeur n'est pas en même temps pro-
» priétaire. »

ARTICLE 20.

*Les compositions dramatiques et musicales sont régies
par la présente loi.*

« Considérant qu'un acte a été publié dans la 3ᵉ année du
» règne de feu Sa Majesté, pour amender la loi relative à
» la propriété littéraire dramatique, et qu'il est expédient
» d'étendre le terme de la liberté exclusive de représenter
» des pièces dramatiques, donné par ledit acte, au terme
» entier fixé par la présente loi pour la conservation du droit
» de propriété exclusive; considérant aussi qu'il est néces-

» saire d'étendre aux compositions musicales les bénéfices
» du susdit acte et de la présente loi ;

» Il y a lieu de décider que les dispositions dudit acte de
» feu Sa Majesté et de la présente loi seront applicables
» aux compositions musicales, et que la liberté exclusive
» de représenter ou d'exécuter, de permettre de représenter
» ou d'exécuter des pièces dramatiques ou des composi-
» tions musicales, durera et sera la propriété de l'auteur et
» de ses représentants pendant tout le temps fixé par la
» présente loi pour la durée du droit exclusif de propriété
» de livres. »

ARTICLE 21.

Les propriétaires de droit de représentations dramatiques ou compositions musicales jouiront de tous les droits accordés par le statut 3 et 4, Guillaume IV, chap. 15.

« Tout individu qui, à une époque quelconque, aura la
» liberté exclusive de représenter des pièces dramatiques
» ou compositions musicales, pourra exercer les actions
» accordées et prévues dans ledit acte des 3e et 4e années
» du règne de feu Sa Majesté le roi Guillaume IV, passé
» pour amender les lois relatives à la propriété littéraire
» dramatique, pendant toute la durée de ses droits, aussi
» complétement que si elles étaient réintroduites dans la
» présente loi. »

ARTICLE 22.

» La délégation du droit de propriété exclusive d'un livre

9.

» constituant ou renfermant une pièce dramatique ou une
» composition musicale, ne sera pas considérée comme
» donnant au délégataire le droit de représenter ou d'exé-
» cuter cette pièce dramatique ou cette composition musi-
» cale, à moins que l'inscription de cette délégation ne
» contienne l'énonciation faite sur le livre d'enregistre-
» ment que ce droit est une suite de cette délégation. »

ARTICLE 23.

Les livres contrefaits deviendront la propriété du pro-
priétaire du droit exclusif de cette production littéraire, et
pourront être recouvrés par action.

« Tous les exemplaires de livres protégés par la loi sur
» la propriété littéraire, et dont l'inscription aura été faite
» sur ledit livre d'enregistrement, et qui auront été frau-
» duleusement imprimés ou importés, sans le consente-
» ment préalable, écrit et signé du propriétaire enregistré,
» seront considérés comme appartenant au propriétaire
» de ce droit exclusif et enregistré comme tel; ce pro-
» priétaire enregistré, après la demande qu'il en aura
» faite par écrit, aura le droit d'en poursuivre le recouvre-
» ment ou d'obtenir des dommages-intérêts en cas de dé-
» tention, par une action en dessaisie contre quiconque les
» retiendra, ou en convertissant cette poursuite en action
» de trouver (*an action of trover*). »

ARTICLE 24.

« Nul propriétaire exclusif d'une production littéraire

» qui sera publiée pour la première fois après la publica-
» tion de la présente loi, ne pourra introduire aucune ac-
» tion en droit ou en équité, ni aucune procédure som-
» maire relativement à la contrefaçon de son droit, à moins
» que, préalablement ses poursuites judiciaires, il n'ait fait
» procéder à l'inscription de cette production littéraire
» sur le registre de la compagnie des libraires, conformé-
» ment à la présente loi. L'omission de cette inscription
» n'affectera pas le droit exclusif de propriété, mais dé-
» truira le droit de poursuivre la contrefaçon susmention-
» née. Aucune des dispositions de la présente loi ne
» pourra préjudicier aux droits du propriétaire exclu-
» sif de faire représenter des pièces dramatiques, en
» vertu de l'acte passé dans la troisième année du règne
» de feu Sa Majesté le roi Guillaume IV, d'exercer des
» poursuites contre les contrevenants ou les contrefac-
» teurs, quoiqu'aucune inscription n'ait été faite sur le
» livre d'enregistrement. »

ARTICLE 25.

« Le droit exclusif de propriété littéraire sera considéré
» comme propriété personnelle et sera transmissible par
» legs, ou en cas d'*intestat* sera soumis au même droit de
» succession que celui de toute autre propriété person-
» nelle; en Écosse, il sera considéré comme bien personnel
» et mobilier. »

ARTICLE 26.

Exception péremptoire. — Limitation des poursuites. —

Cette limitation ne s'applique pas aux poursuites relatives au dépôt des livres.

« Si une action ou un procès est commencé ou intenté
» contre un individu pour avoir contrevenu à la présente
» loi, le défendeur pourra opposer toute exception pé-
» remptoire avec les preuves à l'appui. Si sur cette action
» un verdict est rendu en faveur du défendeur, ou si le de-
» mandeur est déclaré non recevable, ou s'il abandonne
» son action le défendeur aura le droit de répéter tous
» ses frais. Tous procès, actions, bills, dénonciations ou
» informations pour contravention à la présente loi se-
» ront intentés, poursuivis et commencés dans les douze
» mois de leur perpétration, à peine de nullité. Cette pres-
» cription ne s'appliquera pas et ne sera pas considérée
» comme s'appliquant aux actions, procès, ou autres pour-
» suites qui, aux termes de la présente loi, seraient inten-
» tés au sujet des exemplaires de livres à déposer pour l'u-
» sage de la bibliothèque du muséum britannique ou de
» l'une des quatre bibliothèques ci devant mentionnées. »

ARTICLES 27 A 30.

Dispositions transitoires.

Note F.

Statut de la septième année de la reine Victoria.

Acte concernant la propriété exclusive des productions littéraires, dramatiques, musicales et artistiques.

ARTICLE 1er.

« Sont abrogées : toutes les lois antérieures et notam-
» ment celle des première et deuxième années de la reine
» Victoria, qui est déclarée amendée par la présente loi. »

ARTICLE 2.

« Pourra Sa Majesté, par un ordre en conseil, déclarer
» que, relativement à toutes ou chacune des classifications
» des ouvrages suivants, savoir : livres, estampes, articles
» de sculpture et autres ouvrages d'art spécifiés dans cet
» ordre, et qui, après une certaine période également spé-
» cifiée dans ledit ordre, seront publiés pour la première
» fois dans un pays étranger désigné dans ledit ordre,
» leurs auteurs, inventeurs, dessinateurs, graveurs et
» fabricants respectifs, ainsi que leurs exécuteurs, admi-
» nistrateurs et représentants, auront le privilége de leur
» propriété exclusive pendant telle période qui sera déter-
» minée dans cet ordre, mais n'excédant pas, pour les
» ouvrages ci-dessus mentionnés, le terme du droit exclusif,

» de propriété qui peut appartenir aux auteurs, inventeurs,
» dessinateurs, graveurs et fabricants d'ouvrages sembla-
» bles publiés pour la première fois dans le Royaume-Uni,
» conformément aux actes respectifs ci-devant rappelés
» ou conformément aux actes qui pourront être rendus
» dans la suite sur la même matière. »

ARTICLE 3.

« Dans le cas où l'ordre du conseil concernerait des
» livres, les lois relatives à la propriété des livres publiés
» pour la première fois dans la grande-Bretagne s'appli-
» queront aux livres énoncés dans cet ordre, lorsqu'ils
» auront été enregistrés, à moins d'exceptions qui y
» seraient exprimées et sauf la remise aux bibliothèques
» d'un certain nombre d'exemplaires. »

ARTICLE 4.

« Il en sera de même si l'ordre du conseil est relatif aux
» estampes et sculptures : la loi sur la propriété exclusive
» des estampes ou sculptures publiées pour la première
» fois leur sera applicable. »

ARTICLE 5.

« Sa Majesté peut déclarer par un ordre en conseil que
» les pièces dramatiques et compositions musicales,
» pour la première fois publiquement représentées et
» exécutées dans les pays étrangers, seront considérées
» comme si elles avaient été représentées et exécutées
» pour la première fois en Angleterre. »

ARTICLE 6.

Formalités à observer pour l'enregistrement et la remise des exemplaires.

« Nul auteur de livres, de pièces dramatiques ou de com-
» positions musicales, ainsi que leurs exécuteurs, adminis-
» trateurs ou représentants, nul inventeur, dessinateur ou
» graveur d'estampes, nul fabricant d'articles de sculpture
» ou autres ouvrages d'art, ainsi que leurs exécuteurs,
» administrateurs ou représentants, n'auront droit aux
» bénéfices du présent acte, ni d'aucun ordre du conseil
» rendu conformément à ses dispositions, à moins que,
» dans le délai ou les délais prescrits à cet effet dans cet
» ordre, ces livres, pièces dramatiques, compositions mu-
» sicales, estampes, articles de sculpture ou autres ouvra-
» ges d'art n'aient été enregistrés, et que des exemplaires
» n'en aient été remis comme il va être dit.

ARTICLE 7.

Lorsqu'un livre est publié sous l'anonyme, le nom de l'éditeur suffit.

« Si un livre est publié sous l'anonyme, il suffira d'in-
» sérer dans son inscription sur le registre le nom et le
» lieu de la demeure de son premier éditeur, au lieu du
» nom et de la demeure de son auteur, en y ajoutant la
» déclaration que cet enregistrement est fait soit au profit
» de l'auteur, soit au profit de ce premier éditeur, le cas
» échéant. »

ARTICLE 8.

« Toutes les dispositions dudit acte modificatif de la
» législation concernant la propriété exclusive des produc-
» tions littéraires, s'appliqueront aux livres, aux pièces dra-
» matiques, aux compositions musicales, aux estampes,
» aux articles de sculpture et autres ouvrages d'art, dont
» il sera question dans l'ordre du conseil rendu conformé-
» ment à la présente loi, ainsi qu'aux enregistrements et
» substitutions du droit de propriété exclusive en faveur
» de délégataires ; le tout de la même et semblable manière
» que si ces dispositions étaient expressément comprises
» dans la présente loi, si ce n'est que les formes de l'en-
» registrement prescrit par ledit acte modicatif pourront
» être variées suivant les circonstances, et que la somme
» due à l'officier de ladite compagnie des libraires, pour
» inscrire l'enregistrement voulu par la présente loi, sera
» d'un shilling seulement (*voir stat. 5 et 6 Victoria, ch. 45.*
» *Le droit de 5 schillings est réduit à un*). »

ARTICLE 9.

*Du mode de faire rayer ou changer un enregistrement
provenant d'une première publication frauduleuse.*

« Tout enregistrement d'une première publication,
» conformément à la présente loi, fera preuve péremptoire,
» *primâ facie*, d'une première publication légale ; mais s'il
» y a une première publication frauduleuse, et si une par-
» tie s'en prévaut pour obtenir l'enregistrement d'un ou-
» vrage supposé, aucun ordre de radiation ou de change-
» ment de cet enregistrement ne sera rendu, à moins

» qu'il ne soit suffisamment prouvé à la cour ou au juge,
» qui prendra connaissance de la demande pour la radia-
» tion ou le changement de cet enregistrement : 1° en ce
» qui concerne une publication frauduleuse dans un pays
» auquel l'auteur ou le premier éditeur n'appartient pas
» et à l'égard duquel il n'existe avec l'Angleterre aucun
» traité de droit international sur la propriété littéraire,
» que la partie demanderesse est l'auteur ou le premier
» éditeur, suivant le cas ; et 2° en ce qui concerne une
» première publication frauduleuse faite dans le pays où
» une première publication légale a eu lieu, et à l'égard
» duquel il existe avec l'Angleterre un traité de droit inter-
» national sur la propriété littéraire, qu'une cour, dans
» le ressort de laquelle a été opérée cette première pu-
» blication frauduleuse, a rendu un jugement favorable
» au droit de la partie demanderesse qui se prétend
» l'auteur ou le premier éditeur de l'ouvrage contre-
» fait. »

ARTICLE 10.

« Tous les exemplaires de livres, dont la propriété ex-
» clusive est protégée par la présente loi ou par un ordre
» du conseil rendu; en conformité d'icelle, imprimés ou
« réimprimés dans un pays étranger, excepté celui où ces
» livres ont été publiés pour la première fois, sont expres-
» sément prohibés dans toutes les parties des domaines
» *bretons* : les contrevenants seront poursuivis devant les
» mêmes cours et de la même manière que s'il s'agissait
» du droit de propriété littéraire (*voir statut 5 et 6 Victo-
» ria, chap. 45, art. 17 et 22*). »

ARTICLE 11.

« L'officier de ladite compagnie des libraires de Londres
» recevra à la chambre de cette compagnie tous les livres,
» volumes ou estampes qui lui seront remis, comme dit
» est. Dans un mois de leur réception, il est tenu de les
» déposer à la bibliothèque du Musée britannique. »

ARTICLE 12.

« Il n'y a pas lieu de délivrer à l'officier de ladite compa-
» gnie des libraires un exemplaire imprimé de la seconde
» ou subséquente édition des ouvrages remis déjà, à moins
» qu'ils ne comprennent des additions ou changements. »

ARTICLE 13.

*Les ordres du conseil peuvent fixer différentes périodes
pour différents pays étrangers et pour différentes classes
d'ouvrages.*

« Des périodes respectives, fixées par les ordres du con-
» seil pour la continuation de priviléges accordés pour des
» ouvrages publiés pour la première fois dans les pays
» étrangers, pourront être différentes, suivant les ouvrages
» publiés pour la première fois dans divers pays étran-
» gers et suivant les classes de ces ouvrages. Il en sera
» de même au sujet des délais prescrits pour l'enregis-
» trement sur le livre de la compagnie des libraires, et pour

» la remise des livres et autres articles à l'officier de la
» compagnie. »

ARTICLE 14.

*Nul ordre du conseil ne peut avoir d'effet, s'il ne constate
la réciprocité.*

« Aucun ordre du conseil n'aura d'effet, à moins qu'il
» ne constate qu'une protection efficace a été garantie
» par la puissance étrangère dénommée dans cet ordre
» en faveur d'individus intéressés dans des ouvrages
» publiés pour la première fois dans les domaines de
» Sa Majesté, et semblables à ceux compris dans cet
» ordre. »

ARTICLE 15.

« Tout ordre du conseil rendu en vertu de la présente
» loi sera, aussitôt après avoir été rendu par Sa Majesté
» en conseil, publié dans la *Gazette de Londres*, à partir
» du jour de sa publication ; il aura le même effet que
» si toutes ses parties étaient insérées dans la présente
» loi. »

ARTICLE 16.

*Les ordres du conseil doivent être déposés devant le
Parlement.*

« Une expédition de chaque ordre de Sa Majesté en con-
» seil, rendu en vertu de la présente loi, sera déposée sur
» le bureau des deux chambres du Parlement dans les six
» semaines de leur publication, si le Parlement est assem-

» blé, sinon, dans les six semaines qui suivront sa réu-
nion. »

ARTICLE 17.

Les ordres du conseil peuvent être révoqués.

« Pourra Sa Majesté, par un ordre en conseil, de temps
» en temps révoquer ou changer tout ordre en conseil préa-
» lablement rendu en vertu des dispositions de la présente
» loi, sans préjudicier toutefois aux droits acquis an-
» térieurement à cette révocation ou à ce changement. »

ARTICLE 18.

*Les ouvrages traduits ne sont pas compris dans la
présente loi.*

« Aucune disposition de la présente loi ne sera consi-
» dérée comme prohibant l'impression, la publication ou
» la vente de la traduction de tout ouvrage au sujet duquel
» l'auteur ou son représentant peut avoir droit aux béné-
» fices de la présente loi. »

ARTICLE 19.

*Nul auteur d'ouvrages publiés pour la première fois en
pays étranger ne peut prétendre à leur propriété exclusive
qu'en se conformant à la présente loi.*

« Nul auteur de livre ou de pièce dramatique, nul compo-
» siteur de morceau de musique, nul inventeur, dessinateur
» ou graveur d'estampe, nul fabricant d'articles de sculp-
» ture ou de tout autre ouvrage d'art, comme ci-devant dit

» est, qui, après la publication de la présente loi, seront
» publiés pour la première fois hors des domaines de Sa
» Majesté, n'auront droit à leur propriété respectivement
» exclusive ou au privilége exclusif de représenter les
» pièces dramatiques ou d'exécuter les compositions mu-
» sicales, qu'après avoir rempli les formalités propres à
» établir leurs droits d'après les dispositions de la pré-
» sente loi. »

ARTICLE 20.

Clause interprétative.

« Dans la rédaction de la présente loi, le mot *livre*
» sera considéré comme signifiant *volume, pamphlet,*
» *feuille de lettre imprimée, feuille de musique, carte géo-*
» *graphique, carte marine ou plan,* ...... l'expression
» *articles de sculpture* signifiera *toutes sortes de sculptures,*
» *modèles, copies* et *moules,* tels qu'ils sont décrits dans
» lesdits actes sur la propriété exclusive des objets de
» sculpture, et à l'égard desquels les priviléges de droit
» de propriété exclusive y sont conférés. »

Note **G.**

Statut 5 et 6 de Victoria, chap. 100 (10 août 1842).

Acte pour consolider et amender la législation concernant le droit de propriété exclusive des dessins destinés à décorer les articles de fabrique (1).

« Considérant que par différents actes mentionnés dans
» la cédule (A), annexée à la présente loi, il fut établi, à
» l'égard des tissus fabriqués y mentionnés, un droit ex-
» clusif d'employer des modèles nouveaux et originaux
» pour leur impression durant une période de trois mois ;

» Considérant que par l'acte mentionné dans la cédule
» (B), annexée à la présente loi, il fut établi, à l'égard de
» tous les articles (excepté la dentelle, et excepté aussi les
» articles énoncés dans les actes ci-devant rapportés) un
» droit exclusif d'employer des dessins nouveaux et ori-
» ginaux pour certains usages pendant les périodes res-
» pectives y mentionnées.

» Mais que, quant à la protection accordée par ces actes,
» relativement à l'application de dessins à certains articles
» de fabrique, elle est insuffisante et qu'il est nécessaire
» de l'étendre, toutefois sous les conditions ci-après ex-
» primées ;

(1) Statut 6 et 7, Victoria, chap. 65, § 1, n° 375.

» En conséquence, dans cette vue et à l'effet de conso-
» lider les dispositions desdits actes, il est ordonné ce qui
» suit :

ARTICLE 1er.

« La présente loi sera obligatoire à partir du premier
» jour de septembre 1842, et tous les actes mentionnés
» dans les cédules (A) et (B), annexées à la présente loi,
» sont et demeurent abrogés. »

ARTICLE 2.

Exception à l'égard des droits existants.

« Malgré l'abrogation de ces actes, les droits de propriété
» exclusive qui ne sont pas encore prescrits continueront
» à être en vigueur jusqu'à l'expiration de ces droits. »

ARTICLE 3.

Concession du droit de propriété exclusive (1).

« En ce qui regarde tout dessin nouveau et original
» (excepté pour sculpture et autres), le propriétaire de
» ces dessins, non préalablement publiés soit dans le
» Royaume-Uni de la Grande-Bretagne et d'Irlande soit
» ailleurs, aura le droit exclusif de les appliquer aux ar-
» ticles de fabrique, sous la condition que cette application

____

(1) Statut 6 et 7, Victoria, chap. 65, § 2.

» s'opère dans le Royaume-Uni de la Grande-Bretagne et
» d'Irlande pendant les délais ci-dessus fixés, qui cour-
» ront du moment où ces dessins auront été enregistrés
» conformément à la présente loi, savoir :

» A l'égard de l'application de ces dessins à l'ornement
» de tout article de fabrique contenu dans les première,
» seconde, troisième, quatrième, cinquième, sixième, hui-
» tième et onzième classes ci-après, pendant le délai de
» trois ans ;

» A l'égard de l'application de ces dessins à l'ornement
» de tout article de fabrique contenu dans les septième,
» neuvième et dixième classes ci-après, pendant le délai
» de neuf mois ;

» A l'égard de l'application de ces dessins à l'ornement
» de tout article de fabrique ou de substance contenu dans
» les douzième et treizième classes ci-après, pendant le
» délai de douze mois. »

La loi a établi treize classes, qui comprennent :

» 1re classe : les articles de fabrique composés en totalité
» ou principalement de métal, ou de métaux mélangés ;

» 2e classe : les articles de fabrique composés totalement
» ou principalement de bois ;

» 3e classe : les articles de fabrique composés totalement
» ou principalement de verre ;

» 4e classe : les articles de fabrique composés totalement
» ou principalement de terre ;

» 5e classe : les papiers à tapisser ;

» 6e classe : les tapis (les toiles cirées à parquet, stat. 6
» et 7, Victoria, chap, 65, § 5, n° 383) ;

« 7e classe : les châles, si le dessin est appliqué seulement
» par impression, ou par tout autre procédé à l'aide du-
» quel les couleurs sont ou peuvent être produites après
» coup sur le tissu ou toute fabrication textile ;

» 8e classe : les châles non compris dans la 7e classe ;

» 9e classe : les laines filées, fils ou chaînes, si le dessin
» est appliqué par impression, ou par tout autre procédé à
» l'aide duquel les couleurs sont ou peuvent être produites
» après coup ;

» 10e classe : les tissus composés de lin, de coton, de
» laine, de soie, ou de crin, ou de deux ou plus de ces ma-
» tières, si le dessin est appliqué par impression, ou par
» tout autre procédé à l'aide duquel les couleurs sont ou
» peuvent être produites après coup sur le tissu ou sur
» toute fabrication textile, à l'exception des articles com-
» pris dans la onzième classe ;

» 11e classe : les fabrications composées de lin, de co-
» ton, de laine, de soie ou de crin, de deux ou plusieurs de
» ces matières, si le dessin est appliqué par impression,
» ou par tout autre procédé à l'aide duquel les couleurs
» sont ou peuvent être produites après coup sur le tissu ou
» les fabrications textiles : ces objets ainsi fabriqués ren-
« trent ou sont compris sous la dénomination technique de
» *meubles*, sur lesquels le dessin est répété sur une
» étendue de plus de douze pouces sur huit ;

» 12e classe : les tissus non compris dans les classes
» précédentes ;

» 13e classe : les dentelles et tout article de fabrication

10

» ou de substance non compris dans les classes précé-
» dentes. »

ARTICLE 4.

*Conditions du droit de propriété exclusive. — Enregistrement.
— Marques constatant l'enregistrement du dessin (1).*

« Nul ne jouira des bénéfices de la présente loi, en ce
» qui regarde les dessins à appliquer pour l'ornement
» des articles de fabrication ou de telle autre substance
» semblable, à moins que ces dessins n'aient été, avant
» leur publication, enregistrés comme devant être appli-
» qués à l'un ou quelques-uns des articles de fabrication ou
» de substance compris dans les classes ci-dessus men-
» tionnées, en spécifiant le numéro de la classe, à moins
» aussi que le nom du propriétaire de ce dessin ne
» soit enregistré, à moins encore qu'après la publication
» de ce dessin, chaque article de fabrication ou de subs-
» tance auxquels il sera appliqué ne porte, si l'article
» de fabrication est un tissu pour l'impression, à l'une
» de ses extrémités, ou s'il est de toute autre espèce ou
» substance, à l'un des bouts ou à la bordure ou à toute
» autre place convenable, les lettres R^d (enregistré), ainsi
» que le numéro ou la lettre, ou le numéro et la lettre, de
» manière qu'il y ait concordance avec la date de l'enre-

(1) Statut 6 et 7, Victoria, ch. 66.

» gistrément de ce dessin sur le registre ; ces marques
» pourront être apposées sur tout article de fabrication
» ou de substance, soit en les apposant sur la matière
» elle-même dont sont composés ces articles ou subs-
» tances, soit en y attachant une étiquette revêtue de ces
» marques. »

ARTICLE 5.

Explication du mot propriétaire.

« L'auteur de tout dessin nouveau et original en sera
» considéré comme le propriétaire, à moins qu'il n'ait fait
» cet ouvrage pour le compte d'un tiers et moyennant un
» salaire convenable ; dans ce cas, ce tiers sera considéré
» comme le propriétaire et aura droit à être enregistré aux
» lieu et place de l'auteur. Quiconque acquerra, moyen-
» nant un prix convenable, un dessin nouveau et original,
» ou le droit de l'appliquer à orner un ou plusieurs arti-
» cles de fabrication et une ou plusieurs des substances déjà
» mentionnées, soit exclusivement à toute autre personne,
» soit de toute autre manière, quiconque aussi aura, par
» suite de subrogation ou autrement, la propriété d'un tel
» dessin ou le droit d'en faire l'application, sera considéré
» comme le propriétaire de ce dessin. »

ARTICLE 6.

Transport du droit de propriété exclusive et de son enregistrement.

« Quiconque aura acheté ou aura acquis de toute autre
» manière le droit de se servir, en tout ou en partie, d'un
» dessin, peut faire inscrire son titre sur le registre prescrit
» à cet effet; l'acte contenant le transport de ce dessin,
» signé par le propriétaire dudit dessin, en constituera la
» véritable propriété. L'enregistreur devra, sur requête et
» sur la production de cet acte, ou, en cas d'acquisition
» de ce droit par tout autre mode que celui d'achat,
» inscrire le nom du nouveau propriétaire sur le re-
» gistre. »

ARTICLE 7.

Contrefaçon des dessins.

405. « Sera prévenu de contrefaçon de dessins enregis-
» trés quiconque, pendant la durée du droit à l'usage total
» ou partiel de ces dessins, fera ou fera faire les actes sui-
» vants sans le consentement écrit du propriétaire de
» ces dessins inscrit sur le registre, c'est-à-dire :

» Appliquera ces dessins ou leur imitation frauduleuse
» avec l'intention de les vendre, à l'ornement de tout
» article de fabrication ou substance, artificiel ou naturel,
» ou en partie artificiel et en partie naturel ;

» Publiera, vendra ou exposera en vente tout article
» de fabrication ou substance auquel ces dessins ou
» leur imitation frauduleuse auront été appliqués, après
» avoir eu connaissance que le consentement du proprié-
» taire n'a pas été donné pour cette application, ou après
» avoir été dûment prévenu.

ARTICLE 8.

Recouvrement des pénalités pour contrefaçon,

« Sera passible, pour chaque contrefaçon, d'une pénalité
» d'un minimum de 5 livres sterling et d'un maximum
» de 30 livres sterling, au profit du propriétaire de ces
» dessins dont les droits ont été lésés par ces contrefaçons,
» lequel recouvrera ces pénalités de la manière suivante :
» En Angleterre, soit par action de dette, ou, suivant
» le cas par voie sommaire devant deux juges de paix
» du domicile du contrevenant. Si le propriétaire pro-
» cède par voie sommaire, les amendes pour contrefaçon
» d'un seul de ces dessins ne pourront excéder, pour les
» mêmes poursuites, la somme de 100 livres sterling ; en
» cas de défaut de payement, les biens meubles et im-
» meubles du contrefacteur seront saisis. La saisie sera

» prononcée par les juges de paix, sur la preuve de cette
» condamnation. »

ARTICLE 9.

Disposition relative à l'action en dommages.

413. « Malgré les moyens déjà indiqués pour recouvrer
» les pénalités susmentionnées, pourra le propriétaire des
» droits à raison desquels ces pénalités auront été encou-
» rues (s'il préfère prendre cette voie), former telle action
» à laquelle il aura droit pour le recouvrement des dom-
» mages qui lui auront été occasionnés, soit par l'applica-
» tion de ces dessins ou de leur imitation frauduleuse
» à des articles de fabrication ou de substances, soit par la
» publication, la vente ou la mise en vente d'articles ou de
» substances auxquels auraient été appliqués ces dessins ou
» leur imitation, sachant ces contrevenants que le proprié-
» taire de ces dessins n'avait pas donné son consentement
» à cette application. »

ARTICLE 10.

Dans quels cas l'enregistrement peut être rayé ou modifié.

416. « Dans toute poursuite en équité par le pro-
» priétaire d'un dessin ou par tout autre ayant droit,
» s'il est constant que le dessin a été enregistré sous
» le nom d'une personne qui n'en était pas le pro-

» priétaire, le juge pourra décider par décret ou par
» ordre que cet enregistrement soit rayé (et dans ce cas, il
» deviendra *hic et nunc* tout à fait nul), ou que le nom
» du propriétaire soit substitué sur le registre au nom
» du propriétaire frauduleux ou prétendu de la manière
» ci-dessus prescrite pour le cas de transport d'un des-
» sin, et de statuer sur les frais de radiation, de subs-
» titution et les dépens du procès, ainsi qu'il jugera à
» propos. »

ARTICLE 11.

*Pénalité pour emploi frauduleux de marques annonçant
un dessin enregistré.*

« Lorsqu'un dessin appliqué à l'ornement d'articles de
» fabrication ou de substances mentionnés ci-dessus n'aura
» pas été enregistré comme il est prescrit, ou lorsqu'un
» dessin dûment enregistré n'aura pas été appliqué à
» l'ornement de ces articles ou substances dans le Royaume-
» Uni de la Grande-Bretagne et d'Irlande, et lorsque
» le droit de propriété exclusive de ce dessin sur ces
» articles ou substances sera expiré, il sera défendu d'ap-
» poser sur ces articles aucune autre marque. Quicon-
» que sciemment apposera illégalement ces marques, pu-
» bliera, vendra ou exposera en vente des articles de
» fabrication ou de substances revêtus de ces marques
» frauduleuses, sera, pour chaque contravention, pas-

» sible d'une pénalité qui n'excédera pas 5 livres sterling ,
» laquelle peut être recouvrée par les voies ci-dessus in-
» diquées à l'égard des pénalités pour contrefaçon de
» dessin. »

ARTICLE 12.

Prescription des actions.

« Nulle action ou autre procédure pour contravention ou
» contrefaçon, prévue par la présente loi, ne pourra être
» formée après l'expiration de douze mois à partir de leur
» perpétration ; la partie qui obtiendra la condamnation sera
» indemnisée de tous les frais de poursuites ou autres
» procédures. »

ARTICLE 13.

« En cas de procédure sommaire devant deux juges de
» paix en Angleterre, ces juges de paix sont autorisés à
» adjuger le remboursement des frais à la partie qui ga-
» gnera son procès et à délivrer un ordre contre le deman-
» deur s'il succombe, pour le contraindre à ce payement,
» de la manière ci-dessus indiquée. »

ARTICLES 14 et 15.

*Ces deux articles ayant été remplacés par les articles 7
et 8 de l'acte modificatif des 6ᵉ et 7ᵉ années de Victoria,
ch. 65, dont les dispositions seront transcrites ci-après, nous
passons à l'article 16 (1).*

(1) Statut 6 et 7, Vict., ch. 65, §§ 386, 387, 388 et 389.

ARTICLE 16.

« Sur chaque copie, dessin ou impression d'un dessin
» original remis à la personne qui demande son ins-
» cription, ou qui est déposé pour être inscrit, l'enregis-
» treur certifiera par sa signature que ce dessin a été en-
» registré. »

ARTICLE 17.

Publicité du registre des dessins (1).

« Toute personne pourra prendre connaissance des
» dessins dont le droit de propriété exclusive sera expiré,
» en payant seulement les honoraires fixés à cet effet
» en vertu de la présente loi. Quant aux dessins dont
» la propriété exclusive ne sera pas expirée, aucun ne
» pourra être communiqué à qui que ce soit, excepté au
» propriétaire de ce dessin, ou à toute personne ayant de
» lui une autorisation écrite, ou à toute personne spécia-
» lement autorisée par l'enregistreur, mais en présence de
» cet enregistreur, sans pouvoir cependant prendre copie
» de tout ou partie de ce dessin, ni sans payer pour chaque
» communication les honoraires ci-dessus fixés. Pourra
» l'enregistreur délivrer à toute personne, qui le lui de-

(1) Statut 6 et 7, Vict., ch. 65, § 10.

» mandera et qui exhibera un dessin particulier avec sa
» marque d'enregistrement, un certificat constatant si ce
» dessin est protégé par un droit de propriété exclusive,
» et, dans ce cas, à l'égard de quel article particulier de
» fabrication ou de substance ce droit existe; ce certificat
» énoncera aussi le terme de ce droit, la date de son en-
» registrement et enfin le nom et la demeure de son pro-
» priétaire enregistré. »

ARTICLE **18.**

Application des droits d'enregistrement.

« Les commissaires de la trésorerie fixeront de temps en
» temps les frais à payer à l'enregistreur pour l'acccomplis-
» sement de son service, ainsi qu'ils le jugeront convenable,
» à l'effet d'acquitter les dépenses de cet office, les salaires
» ou la rémunération de cet enregistreur et des agents
» sous ses ordres, avec la sanction des commissaires de la
» trésorerie, en exécution de la présente loi. Les frais pour
» l'enregistrement des dessins applicables aux tissus men-
» tionnés et compris dans les classes 7, 9 et 10 n'outrepas-
» seront un shilling; les frais pour l'enregistrement des
» dessins applicables aux papiers de tenture ne seront pas
» au-dessus de 10 shillings; et n'excéderont pas la somme
» de 2 shillings 6 pence, les frais à payer à l'enregistreur
» pour la délivrance du certificat relatif à l'existence ou à
» l'expiration du droit de propriété exclusive de tout dessin
» imprimé sur tissu de laine filée de chaîne, ou de fil, ou

» imprimé, relevé en bosse ou travaillé sur papier de
» tenture, à toute personne qui exhibera le bout d'une
» pièce d'un modèle enregistré et portant la marque de
» cet enregistrement. »

ARTICLE 19.

Pénalité en cas d'extorsion.

« Si l'enregistreur ou tout individu sous ses ordres
» demande ou reçoit une gratification ou rémunération,
» autre que ses salaires ou rémunérations réglés par
» les commissaires de la trésorerie, il encourra pour chaque
» contravention une amende de 50 livres sterling au profit
» de toute personne qui en poursuivra le recouvrement
» par action de dette devant la cour de l'échiquier à West-
» minster; il sera exposé, en outre, à être suspendu ou
» renvoyé de ses fonctions et à être déclaré incapable d'oc-
» cuper aucun emploi dans le bureau par les commissaires
» de la trésorerie, s'il y a lieu. »

ARTICLES 20 et 21.

Ces articles se trouvant répétés dans les articles 11 et 12
de la loi suivante, il est inutile de les transcrire ici.

Note H.

Par suite des difficultés élevées sur l'application de la précédente loi, le statut suivant est intervenu :

Statut 6 et 7, Victoria, chap. 65 (22 août 1843).

Acte pour amender la législation relative au droit de propriété exclusive de dessins.

ARTICLE 1ᵉʳ (1).

Date de l'effet obligatoire de la loi.

« Considérant que par un acte passé dans les 5ᵉ et 6ᵉ
» années du règne de Sa Majesté actuelle, intitulé : *Acte*
» *pour consolider et amender la législation relative au droit*
» *de propriété exclusive de dessins pour orner des articles*
» *de fabrication*, il fut accordé au propriétaire de tout
» dessin nouveau et original, avec les exceptions y men-
» tionnées, le droit exclusif de les appliquer à l'ornement des
» articles de fabrication ou de substances dont il y est ques-
» tion, pendant les périodes respectives qui y sont relatées ;

» Considérant qu'il est expédient d'étendre la protection
» accordée par le susdit acte aux dessins ci-après men-
» tionnés qui, n'offrant pas un caractère ornemental, ne
» s'y trouvent pas compris :

» La présente loi sera exécutoire à partir du 1ᵉʳ sep-
» tembre 1843. »

(1) Statut 5 et 6, Victoria, ch. 100, § 1, nᵒ 332.

ARTICLE **2**.

Concession du droit de propriété exclusive (1).

« Le propriétaire de tout dessin nouveau et original
» pour article de fabrication, s'appliquant en tout ou en
» partie à la forme ou à la configuration de cet article,
» lorsque ce dessin n'aura pas été préalablement publié
» dans le Royaume-Uni ou ailleurs, aura seul le droit d'ap-
» pliquer ce dessin à toutes sortes d'articles ou de vendre
» des articles décorés de ces dessins, pendant le terme de
» trois ans à partir de la date de l'enregistrement de ce
» dessin. La présente loi n'est pas applicable aux dessins
» compris dans les dispositions des actes passés dans les
» 38ᵉ année de Georges III, chap. 11, et 54ᵉ, chap. 56. »

ARTICLE **3**.

Conditions du droit de propriété exclusive (2).

« Nul n'aura droit aux bénéfices de la présente loi, si
» le dessin n'a été enregistré avant sa publication, ou si
» son nom n'a été inscrit en qualité de propriétaire de
» ce dessin, ou enfin si, après la publication de ce dessin,
» chaque article de fabrication fait par lui pour l'emploi de
» ce dessin, ou sur lequel il se trouve, ne porte ce mot *Re-*
» *gistered* (enregistré), avec la date de l'enregistrement. »

(1) Stat. 5 et 6, Vict., ch. 100, § 3.
(2) Stat. 5 et 6, Vict., ch. 100, § 4.

ARTICLE 4.

Pénalité pour emploi frauduleux de marques indicatives d'un dessin enregistré.

« A moins qu'un dessin appliqué à un article de fabrica-
» tion n'ait été enregistré, ou si le droit de propriété exclu-
» sive de ce dessin est expiré, il est défendu d'apposer sur
» aucun article le mot *enregistré* ou de l'annoncer pour la
» vente comme article enregistré ; quiconque frauduleuse-
» ment publiera, vendra, exposera ou annoncera pour vendre
» cet article de fabrication, sera passible, pour chaque con-
» travention, d'une amende qui n'excédera pas 5 livres
» sterling et ne sera pas moindre d'une livre sterling :
» cette amende sera perçue par les voies indiquées pour
» le recouvrement des dommages pour contrefaçon de
» dessins (1). »

ARTICLE 5.

Les toiles cirées à parquet sont comprises dans la 6ᵉ classe de la loi 5 et 6, Victoria, ch. 100.

« Tous les articles de fabrication vulgairement connus
» sous le nom de toiles cirées à parquet, seront désormais
» considérés comme étant compris dans la 6ᵉ classe du
» premier acte mentionné, et seront enregistrés en con-
» séquence (2). »

(1) Stat. 5 et 6, Vict., ch. 100, § 11.
(2) Stat. 5 et 6, Vict., ch. 100, § 3.

ARTICLE 6.

*Certaines dispositions du statut 5 et 6 de Victoria,
chap. 100, sont applicables à la présente loi* (1).

« Toutes clauses et dispositions du statut 5 et 6 de Vic-
» toria, chap. 100, qui ne sont pas contraires aux disposi-
» tions contenues dans la présente loi sur l'explication du
» terme *propriétaire*, le transport, la contrefaçon de
» dessins, le mode de recouvrer les pénalités, les actions
» en dommages-intérêts, la radiation et la modification
» des enregistrements, la limitation des actions, le paye-
» ment des frais, le certificat d'enregistrement, la fixation
» et l'application des frais d'enregistrement, ainsi que les
» pénalités en cas d'extorsion, seront appliquées et éten-
» dues à la présente loi aussi amplement et efficacement,
» sans aucune exception quelconque, que si ces différentes
» clauses et dispositions se trouvaient spécialement répé-
» tées et comprises dans le corps de la présente loi. »

ARTICLE 7.

Nomination de l'enregistreur, etc. (2).

« Sont abrogées les dispositions du statut 5 et 6 de Victoria
» chap. 100, relatives à la nomination d'un enregistreur
» des dessins destinés à l'ornement d'articles de fabrica-
» tion, à l'effet de mettre à exécution les dispositions de

(1) Stat. 5 et 6, Vict., ch. 100, §§ 5, 6, 7, 8, 9, 10, 12, 13, 16,
18 et 19.
(2) Ibid. § 14.

» la présente loi et celles du susdit acte. Les lords du comité
» du conseil privé chargé du commerce et des colonies pour-
» ront désigner un enregistreur des dessins pour les articles
» de fabrication, et nommer ses assistants. »

ARTICLE 8.

Devoirs de l'enregistreur. — Dessins.

« L'enregistreur n'enregistrera aucun dessin sur tout ar-
» ticle de fabrication, qu'autant qu'il lui en sera remis deux
» copies ou impressions parfaitement semblables, avec une
» description écrite de manière à les rendre intelligibles à cet
» enregistreur, et contenant, avec le titre de ce dessin, le
» nom de l'individu qui s'en prétend propriétaire et le nom
» du pays où se trouve le siège des affaires. Le tout sera
» inscrit sur une seule feuille de papier ou parchemin et du
» même côté; la grandeur de cette feuille n'excédera pas
» vingt-quatre pouces sur quinze pouces; on laissera sur
» l'une desdites feuilles un espace en blanc du même côté
» que celui où se trouveront les dessins, titre, description
» noms et adresse, d'une étendue de six pouces sur quatre,
» pour y inscrire le certificat ci-mentionné. lesdits dessins
» ou impressions seront reproduits sur une échelle géomé-
» trique convenable ; la description indiquera les parties
» du dessin (le cas échéant) qui ne seront ni nouvelles ni
» originales ; l'enregistreur mentionnera l'enregistrement
» de ces dessins ou impressions sur chacun d'eux, à mesure
» qu'ils lui seront remis, et apposera un numéro corres-
» pondant à l'ordre de série du registre. Un des dessins
» ou impressions restera déposé dans son office, et il

» renverra l'autre à la personne qui les lui a remis. A
» l'effet de faciliter la vérification de ces dessins ainsi en-
» registrés, il sera tenu une table sommaire de leurs titres. »

ARTICLE 9.

Pouvoir discrétionnaire quant aux enregistrements à faire.

« Le dessin apporté à l'enregistreur sera enregistré
» d'après les prescriptions de la présente loi, et non de la loi
» précédente, si telle est son appréciation. S'il trouve que
» ce dessin n'est pas susceptible d'être appliqué à aucun
» article de fabrication, mais seulement à des étiquettes,
» enveloppes ou couvertures, dans lesquelles ces articles
» pourraient être exposés en vente, ou si ce dessin est con-
» traire à l'ordre et à la morale publique, cet enregistreur
» pourra refuser l'enregistrement. Les lords du comité
» du conseil privé seront saisis de l'appel de ce refus. »

ARTICLE 10.

Inspection de la table des titres des dessins, etc. (1).

« Toute personne pourra prendre communication de la
» table des titres des dessins, qui ne sont pas dessins d'or-
» nement enregistrés en vertu de la présente loi, et en
» prendre des copies, en payant les frais déterminés à cet
» effet par cette loi. Pourra aussi toute personne prendre
» communication ou copie de ces dessins en payant les

(1) Stat. 5 et 6, Vict., ch. 100, § 17.

» frais fixés ; cependant tout dessin dont le droit de pro-
» priété exclusive est non expiré ne sera pas communiqué,
» si ce n'est en présence de l'enregistreur ou de son agent
» légal, sans qu'il soit permis de lui en délivrer des copies
» et à moins que les frais fixés ne soient payés. »

ARTICLE 11.

Interprétation de la loi (1).

« A l'effet d'interpréter la présente loi, les termes et les
» expressions qu'elle emploie seront expliqués comme suit :
» L'expression *commissaires de la trésorerie* signifiera *le*
» *lord haut trésorier titulaire, ou les commissaires du tré-*
» *sor de Sa Majesté pour le Royaume-Uni de la Grande-*
» *Bretagne et l'Irlande alors en fonction, ou trois ou un*
» *plus grand nombre de ces commissaires.* »

(1) Stat. 5 et 6, Vict., ch. 100, § 20.

Note I.

Statut 21 de Jacques 1er, ch. 3.

Acte concernant les monopoles et l'exemption des lois pénales et des confiscations.

ARTICLE 1er.

« Les monopoles, etc., sont contraires aux lois du royau-
» me. — Tous les monopoles sont nuls (1). »

ARTICLE 2.

« Tous monopoles, toutes commissions, concessions,
» licences, chartres, lettres patentes, proclamations, dé-
» fenses, restrictions, sommations d'assistance ; enfin,
» toutes autres matières tendantes aux effets ci-dessus,
» seront jugés conformément aux lois communes du
» royaume et non autrement. »

ARTICLE 3.

Incapacité d'avoir des monopoles, etc.

« Il est interdit à toute personne, tout corps politique
» ou corporation quelconque, d'exercer aucune espèce

(1) Le Parlement s'efforçait de réduire les priviléges qu'avait
usurpés la Couronne, surtout sous Henry VIII et la reine Elisabeth,
qui délivrait à ses favoris des licences sans aucun scrupule. Jacques 1er,
fils de Marie-Stuart, apporta sur le trône de son côté des prétentions
qu'il fallut modérer. Son fils, Charles 1er, voulut les étendre, et il
porta sa tête sur l'échafaud.

» de monopoles, concessions, licences, chartres, lettres
» patentes, proclamations, défenses, restrictions, somma-
» tions d'assistance, ou toutes autres matières tendantes
» aux effets ci-dessus, ni aucun des priviléges qui y sont
» attachés. »

ARTICLE 4.

« Toute personne lésée par un monopole aura droit à des
» dommages-intérêts triples et à des frais doubles, qui
» seront prononcés par les cours du banc du Roi, des plaids-
» communs et de l'échiquier. »

ARTICLE 5.

« Les dispositions ci-dessus ne s'appliqueront pas aux
» lettres patentes accordées pour inventions nouvelles jus-
» qu'au présent statut. »

ARTICLE 6.

« Les dispositions ci-dessus ne s'appliqueront pas aux
» lettres patentes, ni aux concessions de priviléges qui se-
» ront accordées à l'avenir pour le terme de quatorze ans
» ou au-dessous, pour exclusivement faire ou fabriquer
» toutes sortes de nouveaux produits dans le royaume,
» pourvu qu'ils ne soient pas préjudiciables à l'État en
» élevant le prix des marchandises à l'intérieur, en lé-
» sant le commerce ou en affectant les intérêts généraux. »

Note **J.**

Statut 5 et 6, Guillaume IV, ch. 83.

Acte pour demander les lettres patentes accordées pour inventions. (10 septembre 1855.)

« Considérant qu'il est expédient de faire des additions
» et des modifications à la loi actuelle sur les lettres pa-
» tentes pour inventions, autant pour donner une plus
» grande garantie aux patentés que pour le plus grand avan-
» tage public ; il est ordonné ce qui suit :

ARTICLE 1er.

« Tout individu qui a obtenu un brevet d'invention
» (patente) pourra adresser au clerc des patentes, après
» l'autorisation préalable de l'attorney général, une deman-
» de en rectification de son brevet en exprimant les motifs
» à l'appui, s'il s'agit d'une demande en modification du
» titre, pourvu que cette rectification ne s'étende pas aux
» droits exclusifs concédés par la patente.

» Toute personne pourra prendre un *caveat*, ce qui don-
» nera la faculté d'avoir connaissance de la demande for-
» mée devant l'attorney général, qui doit l'en prévenir,
» et est tenu de le certifier dans son *fiat*. »

ARTICLE 2.

« Si un individu a obtenu des lettres patentes pour une
» invention dont il n'était pas le premier auteur, ou si une
» personne, avant d'avoir eu connaissance du brevet de
» celui-ci, avait trouvé la même invention, le patenté pourra
» se pourvoir devant Sa Majesté. — La requête à cet effet

» sera présentée au comité judiciaire du conseil privé et il
« sera décidé ce qu'il appartiendra. »

ARTICLE 3.

« Si, dans une action ou un procès, un verdict ou un dé-
» cret est rendu en faveur d'un patenté, le juge pourra accor-
» der un certificat, qui donnera droit au patenté de re-
» cevoir ses frais triples, prononcés par un verdict en sa
» faveur. »

ARTICLE 4.

*Mode de procéder en cas de demande de prorogation
du terme d'une patente.*

« Tout patenté qui veut obtenir une prorogation de son
» brevet doit annoncer dans trois journaux de Londres,
» trois fois dans la *Gazette de Londres*, et trois fois dans
» les journaux de province publiés dans la ville du domicile
» de la fabrique où s'exerce l'invention et où demeure l'in-
» venteur lui-même, son intention de se pourvoir auprès
» du roi. Des *caveat* pourront être pris par toute personne
» à l'office du conseil. — Sur le rapport du comité judiciaire,
» et après avertissement donné aux porteurs des *caveat*,
» qui ont le droit de contester la demande, le roi peut re-
» jeter la requête ou accorder une prorogation qui n'excé-
» dera pas sept années. » (*V. ci-après, stat. 2 et 3, Vic-
» toria, ch. 67, § 2.*)

ARTICLE 5.

*En cas d'action, etc.. il doit être donné connaissance des
moyens sur lesquels elle est fondée.*

« Dans toute action formée pour s'opposer à des lettres

» patentes, le défendeur et le demandeur devront donner
» connaissance des moyens sur lesquels ils se fondent ; au-
» cune exception ne sera admise en leur faveur, à moins
» qu'ils ne prouvent que ces moyens ont été consignés dans
» leurs conclusions. »

ARTICLE 6.

Frais dans les procès pour infraction à des lettres patentes.

« Dans toute action intentée pour infraction à des droits
» garantis par des lettres patentes, la partie qui succombe
» dans une exception sera condamnée aux frais de cette
» exception ; mais si elle gagne sur le fond, son adversaire
» devra payer les frais de cette partie de la cause. »

ARTICLE 7.

Défense de contrefaire le nom, etc., d'un patenté.

« Si un individu appose son nom sur des objets pour
» lesquels une autre personne a été patentée, ou emploie
» les mots *patente, lettres patentes,* ou *par patente du Roi,*
» ou toute autre expression propre à imiter ou contrefaire
» l'estampille ou la marque du breveté, il encourra, par
» chaque contravention, une amende de 50 liv. sterl. pro-
» noncée par une des cours de record à Westminster ou
» en Irlande, ou devant la cour de session en Écosse, dont
» moitié pour la couronne et l'autre moitié pour le plai-
» gnant ; le tout, à moins que le brevet ne soit expiré. »

Note **K.**

Statut 2 et 3, Victoria, ch. 67.

Acte pour amender un acte des 5e et 6e années
du règne de Guillaume IV.

ARTICLE 1er.

« Les dispositions de l'acte précité (5 et 6 *Guillaume IV*),
» qui déclare qu'aucune prolongation du terme des lettres
» patentes ne sera accordée, si la demande de cette proro-
» gation n'est suivie d'effet avant l'expiration du terme
» originaire, sont et demeurent abrogées. »

ARTICLE 2.

Le terme du droit de patente peut être prolongé dans
certains cas.

« Le comité judiciaire du conseil privé pourra admettre
» une demande en prolongation du terme accordé par des
» lettres patentes, lorsqu'elle n'aura pas été suivie d'effet
» avant l'expiration dudit terme par des motifs autres
» que la négligence ou la faute du pétitionnaire.

» Sa Majesté, sur le rapport dudit comité judiciaire s'il est
« de cet avis, pourra accorder cette prolongation ou délivrer
» de nouvelles lettres patentes pour un terme qui n'excédera
» pas sept ans, après l'expiration du terme énoncé dans les
» lettres patentes originaires. »

Note **L**.

Statut 10 et 11, Victoria, chap. 83.

Acte pour la naturalisation des Étrangers (22 juillet 1847).

« Considérant que par divers actes, statuts et ordon-
» nances rendus par les législatures des colonies ou pos-
» sessions extérieures, il a été accordé à des étrangers les
» priviléges de la naturalisation ; que des doutes se sont
» élevés sur la légalité de ces lois et sur leur étendue,
» qu'il est urgent de les faire cesser ; il est ordonné ce
» qui suit :

ARTICLE 1er.

« Les actes, statuts ou ordonnances rendus par les
» législatures des colonies ou possessions extérieures de
» Sa Majesté, qui accordent les priviléges de la naturalisa-
» tion aux étrangers, auront et recevront leur exécution
» dans l'étendue et la circonscription de ces colonies ou
» possessions. »

ARTICLE 2.

« Les autorisations accordées à l'avenir par ces mêmes
» législatures recevront également leur exécution. Elles
» devront être confirmées par Sa Majesté, comme toutes
» les autres lois coloniales. »

ARTICLE 3.

« Aucune des dispositions du statut 7 et 8 de Victoria,
» intitulé : *acte pour amender les lois concernant les*
» *étrangers*, ne s'applique aux colonies ou possessions
» extérieures de la Grande-Bretagne. »

Note **M.**

Convention conclue, le 5 novembre 1851, entre la France et la Grande-Bretagne, pour placer dans les deux pays la propriété littéraire et artistique sous la garantie d'un droit conventionnel et exprès (1).

Le Président de la République française et Sa Majesté la reine du Royaume uni de la Grande-Bretagne et d'Irlande, également animés du désir d'étendre dans les deux pays la jouissance des droits d'auteur pour les ouvrages de littérature et de beaux-arts qui pourront être publiés pour la première fois dans l'un des deux ; et Sa Majesté Britannique ayant consenti à étendre aux livres, gravures et œuvres musicales publiés en France la réduction que la loi l'autorise à accorder, sous certaines conditions, dans le taux des droits actuellement perçus, à l'importation dans le Royaume-Uni, de ces mêmes articles publiés en pays étranger ;

Le Président de la République française et Sa Majesté Britannique ont jugé à propos de conclure dans ce but la convention suivante.

ARTICLE 1er.

A partir de l'époque à laquelle, conformément aux stipulations de l'art. 14, ci-après, la présente convention

(1) On n'a eu connaissance de ce traité international qu'après l'impression à peu près achevée de ce Manuel ; on a pensé qu'il était utile de le reproduire dans son entier, comme un document essentiel.

deviendra exécutoire, les auteurs d'œuvres de littérature ou d'art auxquels les lois de l'un des deux pays garantissent actuellement ou garantiront à l'avenir le droit de propriété ou d'auteur, auront la faculté d'exercer ledit droit sur les territoires de l'autre pays, pendant le même espace de temps et dans les mêmes limites que s'exercerait, dans cet autre pays lui-même, le droit attribué aux auteurs d'ouvrages de même nature qui y seraient publiés, de telle sorte que la reproduction ou la contrefaçon dans l'un des deux États de toute œuvre de littérature ou d'art publiée dans l'autre, sera traitée de la même manière que le serait la reproduction ou la contrefaçon d'ouvrages de même nature originairement publiés dans cet autre État, et que les auteurs de l'un des deux pays auront, devant les tribunaux de l'autre, la même action et jouiront des mêmes garanties contre la contrefaçon ou la reproduction non autorisée, que celles que la loi accorde ou pourrait accorder à l'avenir aux auteurs de ce dernier pays.

Il est entendu que ces mots : « œuvres de littérature ou d'art, » employés au commencement de cet article, comprennent les publications de livres, d'ouvrages dramatiques, de composition musicale, de dessin, de peinture, de sculpture, de gravure, de lithographie et de toute autre production quelconque de littérature et de beaux-arts.

Les mandataires ou ayants cause des auteurs, traducteurs, compositeurs, peintres, sculpteurs ou graveurs, jouiront à tous égards des mêmes droits que ceux que la présente convention accorde aux auteurs, traducteurs, compositeurs, peintres, sculpteurs ou graveurs eux-mêmes.

ARTICLE 2.

La protection accordée aux ouvrages originaux est étendue aux traductions.

Il est bien entendu que l'objet du présent article est simplement de protéger le traducteur par rapport à sa propre traduction, et non pas de conférer le droit exclusif de traduction au premier traducteur d'un ouvrage quelconque, hormis dans le cas et les limites prévus par l'article suivant.

ARTICLE 3.

L'auteur de tout ouvrage publié dans l'un des deux pays, qui aura entendu réserver son droit de traduction, jouira pendant cinq années, à partir du jour de la première publication de la traduction de son ouvrage autorisée par lui, du privilége de protection contre la publication, dans l'autre pays, de toute traduction du même ouvrage non autorisée par lui, et ce, sous les conditions suivantes :

1° L'ouvrage original sera enregistré et déposé dans l'un des deux pays, dans un délai de trois mois, à partir du jour de la première publication dans l'autre pays ;

2° Il faudra que l'auteur ait indiqué en tête de son ouvrage l'intention de se réserver le droit de traduction :

3° Ladite traduction autorisée devra avoir paru, au moins en partie, dans le délai d'un an, à compter de la date de l'enregistrement et du dépôt de l'original, et en totalité dans le délai de trois ans, à partir dudit dépôt ;

4° La traduction devra être publiée dans l'un des deux pays et être enregistrée et déposée conformément aux dispositions de l'art. 8.

Pour les ouvrages publiés par livraisons, il suffira que

la déclaration de l'auteur, qu'il entend se réserver le droit de traduction, soit exprimée dans la première livraison.

Toutefois, en ce qui concerne le terme de cinq ans assigné par cet article pour l'exercice du droit privilégié de traduction, chaque livraison sera considérée comme un ouvrage séparé ; chacune d'elles sera enregistrée et déposée dans l'un des deux pays, dans les trois mois à partir de sa première publication dans l'autre.

ARTICLE 4.

Les stipulations des articles précédents s'appliqueront également à la représentation des ouvrages dramatiques et à l'exécution des compositions musicales, en tant que les lois de chacun des deux pays sont ou seront applicables, sous ce rapport, aux ouvrages dramatiques et de musique représentés ou exécutés publiquement dans ces pays pour la première fois.

Toutefois, pour avoir droit à la protection légale, en ce qui concerne la traduction d'un ouvrage dramatique, l'auteur devra faire paraître sa traduction trois mois après l'enregistrement et le dépôt de l'ouvrage original.

Il est bien entendu que la protection stipulée par le présent article n'a point pour objet de prohiber les imitations faites de bonne foi, ou les appropriations des ouvrages dramatiques aux scènes respectives de France et d'Angleterre, mais seulement d'empêcher les traductions en contrefaçon.

La question d'imitation ou de contrefaçon sera déterminée dans tous les cas par les tribunaux des pays respectifs, d'après la législation en vigueur dans chacun des deux États.

ARTICLE 5.

Nonobstant les stipulations des articles 1er et 2e de la présente convention, les articles extraits de journaux ou de recueils périodiques publiés dans l'un des deux pays, pourront être reproduits ou traduits dans les journaux ou recueils périodiques de l'autre pays, pourvu qu'on y indique la source à laquelle on les aura puisés.

Toutefois, cette permission ne saurait être comprise comme s'étendant à la reproduction, dans l'un des deux pays, des articles de journaux ou de recueils périodiques publiés dans l'autre, dont les auteurs auraient déclaré d'une manière évidente, dans le journal ou recueil même où ils les auront fait paraître, qu'ils en interdisent la reproduction.

ARTICLE 6.

Sont interdites l'importation et la vente, dans l'un ou l'autre des deux pays, de toute contrefaçon d'ouvrages jouissant du privilège de protection contre la contrefaçon, en vertu des art. 1, 2, 3 et 5 de la présente convention, que ces contrefaçons soient originaires du pays où l'ouvrage a été publié, ou bien de toute autre contrée étrangère.

ARTICLE 7.

En cas de contravention aux dispositions des articles précédents, les ouvrages ou objets contrefaits seront saisis et détruits, et les individus qui se seront rendus coupables de ces contraventions seront passibles, dans chaque pays, de la peine et des poursuites qui sont ou seraient prescrites par les lois de ce pays contre le même délit commis à l'égard de tout ouvrage ou production d'origine nationale.

ARTICLE 8.

Les auteurs, traducteurs, de même que leurs représentants ou ayants cause, légalement désignés, n'auront droit, dans l'un et l'autre pays, à la protection stipulée par les articles précédents, et le droit d'auteur ne pourra être réclamé dans l'un des deux pays, qu'après que l'ouvrage aura été enregistré de la manière suivante, savoir :

1° Si l'ouvrage a paru pour la première fois en France, il faudra qu'il ait été enregistré à l'hôtel de la corporation des libraires (stationers hall) à Londres ;

2° Si l'ouvrage a paru pour la première fois dans les États de sa Majesté Britannique, il faudra qu'il ait été enregistré au bureau de la librairie du Ministère de l'intérieur à Paris.

La susdite protection ne sera acquise qu'à celui qui aura fidèlement observé les lois et règlements en vigueur dans les pays respectifs, par rapport à l'ouvrage pour lequel cette protection serait réclamée.

Pour les livres, cartes, estampes ou publications musicales, la susdite protection ne sera acquise qu'autant que l'on aura remis gratuitement dans l'un ou l'autre des dépôts mentionnés ci-dessus, suivant les cas respectifs, un exemplaire de la meilleure édition, ou dans le meilleur état, destiné à être déposé au lieu indiqué à cet effet dans chacun des deux pays, c'est-à-dire en France à la bibliothèque nationale de Paris, et dans la Grande-Bretagne au Musée britannique, à Londres.

Dans tous les cas, les formalités du dépôt et de l'enregistrement devront être remplies sous les trois mois qui suivront la première publication de l'ouvrage dans l'autre pays. A l'égard des ouvrages publiés par livraisons, ce délai de trois mois ne commencera à courir qu'à dater de la publication de la dernière livraison, à moins que l'auteur n'ait indiqué, conformément aux dispositions de l'art. 3, son intention de se réserver le droit de traduction, auquel cas chaque livraison sera considérée comme un ouvrage séparé.

Une copie authentique de l'inscription sur le registre de la corporation des libraires à Londres, conférera dans les États britanniques le droit exclusif de reproduction jusqu'à ce que quelque autre personne ait fait admettre devant un tribunal un droit mieux établi.

Le certificat délivré conformément aux lois françaises, et constatant l'enregistrement d'un ouvrage dans ce pays, aura la même force et valeur dans toute l'étendue du territoire de la République française.

Au moment de l'enregistrement d'un ouvrage dans l'un des deux pays, il en sera délivré, si on le demande, un certificat ou copie certifiée; et ce certificat relatera la date précise à laquelle l'enregistrement aura eu lieu.

Le coût d'enregistrement d'un seul ouvrage, conformément aux stipulations du présent article, ne pourra pas dépasser la somme de 1 fr. 25 c. en France, et d'un shilling en Angleterre; et les frais additionnels pour le certificat d'enregistrement ne devront pas excéder la somme de 6 fr. 25 c. en France, ou de 5 shillings en Angleterre.

Les présentes stipulations ne s'étendront pas aux articles

de journaux ou de recueils périodiques, pour lesquels le simple avertissement de l'auteur, ainsi qu'il est prescrit à l'art. 5, suffira pour garantir son droit contre la reproduction ou la traduction. Mais si un article ou un ouvrage qui aura paru pour la première fois dans un journal ou dans un recueil périodique est ensuite reproduit à part, il restera alors soumis aux stipulations du présent article.

ARTICLE 9.

Quant à ce qui concerne tout objet autre que les livres, estampes, cartes et publications musicales, pour lequel on pourrait réclamer la protection, en vertu de l'art. 1er de la présente convention, il est entendu que tout mode d'enregistrement autre que le mode prescrit par l'article précédent, qui est ou qui pourrait être appliqué par la loi dans un des deux pays, à l'effet de garantir le droit de propriété à toute œuvre quelconque ou article mis pour la première fois au jour dans ce pays, ledit mode d'enregistrement sera étendu, sous des conditions égales, à toute œuvre ou objet similaire mis au jour pour la première fois dans l'autre pays.

ARTICLE 10.

Pendant la durée de la présente convention, les droits actuellement établis à l'importation licite dans le royaume uni de la Grande-Bretagne et d'Irlande, des livres, gravures, dessins ou ouvrages de musique publiés dans toute l'étendue du territoire de la République française, demeurent réduits et fixés au taux ci-après établis, savoir :

1° Droits sur les livres et œuvres de musique :

A. Ouvrages publiés pour la première fois dans le Royaume-Uni, et reproduits en France, par l. s. d. quintal anglais 2 10 0

B. Ouvrages non publiés pour la première fois dans le Royaume-Uni, par quintal anglais 0 15 0

2° Gravures ou dessins.

A. Coloriés ou non, chaque pièce........ 0 0 0 1/2

B. Reliés ou brochés, la douzaine........ 0 0 1 1/2

Il est convenu que le taux des droits ci-dessus spécifiés ne sera pas augmenté pendant la durée de la présente convention, et que si, par la suite, pendant la durée de cette convention, ce taux était réduit en faveur des livres, gravures, dessins ou ouvrages de musique publiés dans tout autre pays, cette réduction s'étendra en même temps aux objets similaires publiés en France.

Il est, en outre, bien entendu que tout ouvrage publié en France, et dont une partie aura été mise au jour pour la première fois dans le Royaume-Uni, sera considéré comme « ouvrage publié pour la première fois dans le Royaume Uni, et reproduit en France, » et, à ce titre, il sera soumis aux droits de 50 shillings par quintal anglais, alors même qu'il contiendrait encore des additions originales publiées ailleurs que dans le Royaume-Uni, à moins que ces additions originales ne soient d'une étendue pour le moins égale à celle de la partie de l'ouvrage publiée originairement dans le Royaume-Uni, auquel cas l'ouvrage ne serait soumis qu'au droit de 15 shillings par quintal anglais.

ARTICLE 11.

Pour faciliter l'exécution de la présente convention, les deux hautes parties contractantes s'engagent à se communiquer mutuellement les lois et règlements qui pourront être ultérieurement établis dans les États respectifs à l'égard des droits d'auteur pour les ouvrages et productions protégés par les stipulations de la présente convention.

ARTICLE 12.

Les stipulations de la présente convention ne pourront, en aucune manière, porter atteinte au droit que chacune des deux hautes parties contractantes se réserve expressément de surveiller ou de défendre, au moyen de mesures législatives ou de police intérieure, la vente, la circulation, la représentation et l'exposition de tout ouvrage ou de toute production à l'égard desquels l'un ou l'autre pays jugerait convenable d'exercer ce droit.

ARTICLE 13.

Rien dans cette convention ne sera considéré comme portant atteinte au droit de l'une ou de l'autre des deux hautes parties contractantes, de prohiber l'importation dans ses propres États des livres qui, d'après ses lois intérieures ou des stipulations souscrites avec d'autres puissances, sont ou seraient déclarés être des contrefaçons ou des violations du droit d'auteur.

ARTICLE 14.

Sa Majesté Britannique s'engage à recommander au Parlement d'adopter une loi qui l'autorise à mettre en vigueur celle des dispositions de la présente convention qui ont besoin d'être sanctionnées par un acte législatif. Lorsque cette loi aura été adoptée, la convention sera mise à exécution à partir d'un jour qui sera alors fixé par les deux hautes parties contractantes.

Dans chaque pays, le Gouvernement fera dûment connaître d'avance le jour ainsi convenu, et les stipulations de la convention ne seront applicables qu'aux œuvres et articles publiés après cette date. La présente convention restera en vigueur pendant dix années, à partir du jour où elle pourra être mise en vigueur ; et, dans le cas où aucune des deux parties n'aurait pas signifié, douze mois avant l'expiration de ladite période de dix années, son intention d'en faire cesser les effets, la convention continuerait à rester en vigueur encore une année, et ainsi de suite, d'année en année, jusqu'à l'expiration d'une année, à partir du jour où l'une ou l'autre des parties l'aura dénoncée.

Les hautes parties contractantes se réservent cependant la faculté d'apporter à la présente convention, d'un commun accord, toute modification qui ne serait pas incompatible avec l'esprit et les principes qui en sont la base, et dont l'expérience aurait démontré l'opportunité.

ARTICLE 15.

La présente convention sera ratifiée, et les ratifications en seront échangées à Paris, dans le délai de trois mois, à partir du jour de la signature, ou plus tôt, si faire se peut.

FIN.

TABLE DES MATIÈRES.

FIN DE LA TABLE.

ERRATA.

1° — *Page 26.* — *Ajouter un n° 8 à la fin du chapitre 6, ainsi conçu :* — « L'étranger naturalisé jouit de tous les droits d'un sujet naturel-né. Cependant l'art. 6 du statut 6 et 7 de Victoria lui refuse la capacité d'être membre du conseil privé de Sa Majesté et de faire partie d'aucune des deux chambres. » (V. *Appendice,* page 130.)

2° — *Page 34, 5ᵉ alinéa.* — *Au lieu de :* « Le nom de baptême de l'enfant peut être inscrit DANS l'acte de naissance, » *Mettez :* « EN MARGE de l'acte de naissance. »

3° — *Page 56, au 2ᵐᵉ alinéa du n° 21.* — *Après les mots :* « Fixtures (immeubles par destination, » *ajoutez :* « attachés à une fabrique ou à une usine et pouvant être enlevés). »

4° — *Page 127 ;* APPENDICE, à l'intitulé du statut, *au lieu de :* 6ᵉ et 7ᵉ année de Victoria (6 août 1846), » *mettez :* « 7ᵉ et 8ᵉ années de Victoria (6 août 1844). »

Paris. — Imprimerie Wittersheim, rue Montmorency, 8.

EXTRAIT DU CATALOGUE

DE LA

LIBRAIRIE DE JURISPRUDENCE

MODERNE

DE

VIDECOQ FILS AINÉ, ÉDITEUR,

LIBRAIRE DE LA COUR DE CASSATION

ET DU TRIBUNAL DE COMMERCE,

1, Rue Soufflot, à Paris, près la Faculté de Droit,

ŒUVRES DE POTHIER, annotées et mises en corrélation avec le Code civil et la législation actuelle, par M. Bugnet, professeur de Code civil à la Faculté de droit de Paris. 10 vol. in-8.   80 fr.

LES CODES DE LA RÉPUBLIQUE FRANÇAISE, édition clichée, *tenue toujours au courant des changements de la législation*, contenant la Constitution du 4 novembre 1848, les décrets de l'Assemblée nationale rendus jusqu'à ce jour ; une nouvelle corrélation des articles entre eux, un supplément par ordre alphabétique, renfermant toutes les lois usuelles, une table générale des matières et un Dictionnaire des termes du droit ; par M. Teulet, avocat à la cour d'appel de Paris, 6e édition, imprimée sur papier collé.

LES CODES FRANÇAIS ANNOTÉS, offrant sous chaque article l'état complet de la doctrine, de la jurisprudence et de la législation, par MM. Teulet et d'Auvilliers, avocats à la Cour d'appel de Paris, et M. Sulpicy, procureur de la République ; nouvelle édition augmentée d'une table générale méthodique et raisonnée des matières, ainsi que de la législation nouvelle et de l'exposé des arrêts les plus récents renvoyant à tous les recueils de jurisprudence, 2 vol. in-4.   40 fr.

LES CODES FRANÇAIS EXPLIQUÉS par leurs motifs, par des exemples et par la jurisprudence, avec la solution, sous chaque article, des difficultés ainsi que des principales questions que présente le texte, la définition des termes de droit et la reproduction des motifs de tous les arrêts-principes, suivis de formulaires ; ouvrage destiné aux étudiants en droit, aux personnes chargées d'appliquer les lois, et à toutes celles qui, désirant les connaître, n'ont pu en faire une étude spéciale ; par M. Rogron, 3e édition, 2 forts vol. in-4. 35 fr.

CODE CIVIL, annoté des opinions de tous les auteurs qui ont écrit sur le droit, des lois romaines, des lois, décrets, ordonnances et avis du conseil d'Etat, et du texte des circulaires ministérielles adressées aux tribunaux depuis leur promulgation jusqu'à nos jours par MM. Lahaye et Waldeck-Rousseau ; 2e édition, entièrement conforme à la première ; 1 fort vol. in-4 de plus de 1,000 pages, papier collé. 28 fr.

COMMENTAIRE SUR LE CODE CIVIL, contenant : *l'explication de chaque article séparément, l'énonciation au bas du commentaire des questions qu'il a fait naître, les principales raisons de décider pour et contre, et le renvoi aux arrêts ;* par M. J.-M. Boileux, docteur en droit, juge au tribunal civil de Blois ; précédé d'un Précis de l'histoire du droit civil par M. F. Poncelet, professeur à la Faculté de droit de Paris ; 6e édition, considérablement augmentée ; 6 vol. in-8. 45 fr.

DE L'ÉTAT CIVIL et des améliorations dont il est susceptible, par M. Huteau d'Origny ; 1823, 1 vol. in-8. 8 fr.

CONCORDANCES ENTRE LES CODES CIVILS ÉTRANGERS ET LE CODE NAPOLÉON, par M. A. de Saint-Joseph, juge au Tribunal de première instance de la Seine ; il ne reste que très peu d'exemplaires de cette édition ; 1 vol. in 4. 27 fr.

NOUVEAU TRAITÉ DE L'ADULTÈRE et des enfants adultérins, selon les lois civiles et pénales ; par M. A. Bedel, avocat à la cour d'appel de Paris ; 1 vol. in-8. 3 fr.

CONCORDANCE ENTRE LES LOIS HYPOTHÉCAIRES étrangères et françaises. Ouvrage contenant les textes et résumés des lois hypothécaires de 63 pays ; par M. A. de Saint-Joseph, juge ; 1847 ; 1 vol. grand in-8. 12 fr.

TRAITÉ DU PRÊT SUR HYPOTHÈQUE, nouvelle édition suivie d'un mode de garantie pour le payement exact des intérêts, renfermant le mode de prêt par voie de vente à réméré, et contenant les formules de toutes les espèces d'actes en matière de prêt sur immeubles. Ouvrage destiné aux notaires et aux bailleurs de fonds ; par M. Delamontre, ancien notaire ; 1847 ; 1 vol. in-8. 6 fr. 50 c.

TRAITÉ DU VOISINAGE considéré dans l'ordre judiciaire et administratif, et dans ses rapports avec le Code civil ; par Fournel ; 4e édition, revue et augmentée par M. Tardif, avocat à la Cour d'appel de Paris. 15 fr.

COMMENTAIRES SUR LA LOI DES SUCCESSIONS, formant le titre Ier du livre III du Code civil, par Chabot (de l'Allier), conseiller à la Cour de cassation, inspecteur général des Ecoles de droit ;

nouvelle édition, revue avec soin et augmentée d'une notice bio-graphique; du sommaire, sous chaque article, des nombreuses questions traitées par l'auteur, d'annotations importantes, et d'une table alphabétique et raisonnée, par M. A. Mazeral, docteur en droit, avocat à la Cour d'appel de Paris. 2 vol. in-8. **10 fr.**

MANUEL DE GÉNÉALOGIE, ou Manière de calculer les degrés de parenté dans les partages des successions. Ouvrage sur un cadre nouveau, utile à tout le monde en général, et à MM. les Notaires et Avocats en particulier; par M. Gragnon-Lacoste, notaire; 1850; 1 vol. in-8. **5 fr.**

DE LA RÉVOCATION DES ACTES faits par le débiteur en fraude des droits du créancier, ou Explication des articles 622, 788, 1053, 1167, 1447, 1464, 2225, du Code civil, et 446 à 449 du Code de commerce; par M. Capmas, professeur suppléant à la Faculté de droit de Toulouse; 1847; br. in-8. **3 fr. 50 c.**

DICTIONNAIRE DE PROCÉDURE CIVILE ET COMMERCIALE, contenant la jurisprudence, l'opinion des auteurs, les usages du palais, le timbre et l'enregistrement des actes, leur tarif, leurs formules, etc.; par M. Bioche, avocat à la Cour d'appel de Paris, 3ᵉ édition, 6 gros vol. in-8, imprimés sur papier collé. **48 fr.**

NOUVEAU FORMULAIRE DE PROCÉDURE CIVILE, COMMERCIALE ET CRIMINELLE, etc., par le même; 1848; 1 vol. in-8. **7 fr. 50 c.**

THÉORIE DE LA PROCÉDURE CIVILE, précédée d'une introduction, par Boncenne et M. Bourbeau, doyen et professeur de la Faculté de droit de Poitiers; 6 vol. in-8. **45 fr.**

LA PROCÉDURE CIVILE DES TRIBUNAUX DE FRANCE demontrée par principes, et mise en action par des formules; par Pigeau, 5ᵉ édition, revue et augmentée par M. Crivelli, avocat à la Cour d'appel; 2 vol. in-4. **30 fr.**

TRAITÉ DE L'APPEL EN MATIÈRE CIVILE, par M. Talandier, président de chambre à la Cour d'appel de Limoges; 1840, 1 vol. in-8. **7 fr. 50 c.**

TARIF GÉNÉRAL DES ACTES DE PROCÉDURE, expliqué par le rapprochement des textes, ou Code de poocédure civile, contenant application à chaque article, pour tous les actes et pour toute la France, du Tarif des dépens, ainsi que des droits d'enregistrement et de greffe, etc.; par MM. A. F. Teulet et Loiseau, avocats. 1 vol. in-8, papier collé. **6 fr.**

TRAITÉ DES SURENCHÈRES, contenant la législation, la doctrine, la jurisprudence et la procédure relative au droit de surenchère, par M. Petit, président de chambre à Douai; 1 vol. in-8. **7 fr. 50 c.**

FORMULAIRE COMPLET ET RAISONNÉ DES TRIBUNAUX DE PAIX, et de simple police, contenant tous les actes que les juges de paix et les greffiers sont appelés à rédiger en matière civile, en matière de police, et quelquefois en matière administrative; par M. Leignadier, juge de paix; Gautier, avocat, et Augier, avocat au conseil d'Etat et à la Cour de cassation; 1 vol. in-8. 5 fr. En envoyant un mandat de 6 fr. 50 sur la poste, on recevra franc de port par la même voie.

CORPS DES LOIS COMMERCIALES, ou Recueil complet des lois et réglements généraux, édits, ordonnances, arrêts du conseil, lettres patentes; décrets, arrêtés, avis du conseil d'Etat, etc. actuellement en vigueur sur le commerce intérieur et maritime de la France, avec notes et renvois, par Rouen; continué jusqu'à ce jour par M. Vincent, avocat; 2 vol. in-8.   12 fr.

EXPOSITION RAISONNÉE DE LA LÉGISLATION COMMERCIALE, et l'Examen critique du Code de commerce, par M. Emile Vincens, chef du bureau du commerce au ministère de l'intérieur, conseiller d'Etat; 1831, 3 vol. in-8.   12 fr.

INSTITUTES DE DROIT COMMERCIAL FRANÇAIS avec des notes explicatives du texte, dans lesquelles on examine les principales questions qui peuvent s'élever sur les matières commerciales, par Delvincourt; 2e édition, revue et corrigée; 1834; 2 vol. in-8.   15 fr.

ANALYSE RAISONNÉE DU CODE DE COMMERCE, contenant: 1o l'explication de la loi par ses motifs; 2o sa mise en action par la jurisprudence, et le rapprochement de toutes les lois et ordonnances; 3o l'examen des questions neuves et importantes; 4o la discussion des principes du domaine de l'économie politique; par MM. Mongalvy et Germain; 2 vol. in-4.   12 fr.

COURS DE DROIT COMMERCIAL MARITIME, d'après les principes et suivant l'ordre du Code de commerce, par P.-S. Boulay Paty (de la Loire-Inférieure); 1834, 4 vol. in-8.   20 fr.

MANUEL DES AGENTS CONSULAIRES FRANÇAIS ET ÉTRANGERS, Ouvrage renfermant: 1o une Introduction historique et politique sur l'origine et le développement des établissements consulaires français à l'étranger; 2o la Juridiction des consuls; 3o la Théorie consulaire basée sur le droit des gens conventionnel; 4o et la Jurisprudence commerciale et consulaire. Cet ouvrage s'adresse spécialement, non-seulement aux Agents consulaires français, mais encore aux *Agents consulaires étrangers*, aux *Capitaines de vaisseau du commerce*, aux *Négociants, Armateurs, Navigateurs, Diplomates, Magistrats*, etc., etc., 1 vol. in-8.   8 fr.

COMMENTAIRE SUR LES PRINCIPALES POLICES D'ASSURANCE MARITIME usitées en France (Paris, Bordeaux, Marseille, le

Havre, Nantes, Rouen, Dunkerque, Bayonne), par M. C. Lemonnier, docteur en droit; 2 vol. in-8.   15 fr.

THÉORIE DU CODE PÉNAL, par MM. Chauveau et Faustin Hélie; 2' édition, 6 vol. in-8.   50 fr.

CODE D'INSTRUCTION CRIMINELLE ET CODE PÉNAL (texte officiel de 1832), expliqués par la jurisprudence progressive de la Cour de cassation; ouvrage destiné à la magistrature, au barreau, aux maires en leur qualité de juges de simple police et d'officiers de police judiciaire, et aux jurés qui voudront connaître l'étendue de leurs devoirs, par M. Ad. de Grattier, substitut du procureur général près de la Cour d'appel d'Amiens; 1 fort vol. in-8 de 830 pages.   9 fr.

DE LA DISCIPLINE JUDICIAIRE, considérée dans ses rapports avec les juges, les officiers du ministère public, les avocats, les notaires, les avoués, les huissiers et autres officiers ministériels, par M. Carnot, conseiller à la Cour de cassation; 1 vol. in-8.   5 fr.

MANUEL COMPLET DE MÉDECINE LÉGALE, ou Résumé des meilleurs ouvrages publiés jusqu'à ce jour sur cette matière, et des jugements et arrê s les plus récents; 4e édition, par M. Briand, docteur-médecin de la Faculté de Paris, et E. Chaudé, avoué à la Cour d'appel; contenant un traité de chimie légale, par H. Gaultier de Claubry; 4e édition, 1846, 1 gros vol. in-8.   9 fr.

TRAITÉ DES DÉLITS ET CONTRAVENTIONS DE LA PAROLE, DE L'ÉCRITURE ET DE LA PRESSE, par M. Chassan, 1er avocat général à Rouen; ouvrage contenant, dans une exposition méthodique, théorique et pratique : 1° les principes généraux des procédures extraordinaires qui ont lieu, soit dans les tribunaux ordinaires, soit devant les tribunaux d'attribution, en matière d'infractions de la parole, de l'écriture et de la presse, principes résultant de toutes les lois de la matière, et embrassant non-seulement les lois dites de la presse, mais encore plusieurs articles du Code d'instruction criminelle et du Code de procédure civile; 2° les arrêts et décisions des Cours de cassation et d'appel, etc.; 3° la discussion des chambres; 4° la comparaison de la jurisprudence anglaise, et des lois qui régissent ces sortes de procédures dans plusieurs autres Etats; 5° l'examen de la discussion de toutes les questions déjà soulevées, ainsi qu'un très-grand nombre de questions *neuves* et d'une application *journalière* et pratique devant les *Cours d'assises*, *les tribunaux correctionnels*, et *de simple police*, les *tribunaux militaires*, le *conseil de l'Université*, les *tribunaux civils*; terminé 1° par le *texte complet* de toutes les lois commentées dans le corps de l'ouvrage; 2° par une *table générale*, par ordre alphabétique, des matières contenues dans l'ouvrage, 2e édition, considérablement augmentée, mise au courant de la législation; 2 vol. in-8.   18 fr.

AIDE-MÉMOIRE d'un président d'assises, par M. Dufour, conseiller à la Cour d'appel de Metz ; 1 vol. in-4, 2e édition.　　6 fr.

TRAITÉ ET MANUEL synthétiques et pratiques des Codes pénal et d'instruction criminelle, par M. Benoit, juge d'instruction à Gannat; 1 vol. in-8.　　4 fr.

CONSTITUTION DE LA RÉPUBLIQUE FRANÇAISE, accompagnée de notes sommaires, explicatives du texte, et suivies de *diverses pièces* et de quelques discours prononcés dans la discussion du projet, par M. Dupin aîné, l'un des membres de la commission de Constitution ; 2e édition ; 1 vol. in-12.　　3 fr.

MANUEL DU DROIT PUBLIC ECCLÉSIASTIQUE FRANÇAIS, contenant les Libertés de l'église gallicane en 83 articles, avec un Commentaire, etc., par M. Dupin, procureur général à la Cour de cassation. Nouvelle édition ; 1847, 1 vol. in-12.　　6 fr. 50 c.

ÉLÉMENTS DU DROIT PUBLIC ET ADMINISTRATIF, ou Exposition méthodique des principes du droit public positif, avec l'indication des lois à l'appui, suivis d'un *appendice* contenant le texte des principales lois du droit public, par M. E.-V. Foucard, professeur de droit administratif, et doyen de la Faculté de droit de Poitiers ; 3e édition, considérablement augmentée; 3 forts vol. in-8.　　24 fr.

PRÉCIS DE DROIT PUBLIC ET ADMINISTRATIF, par *le même* ; 1 vol. in-8.　　7 fr. 50 c.

MANUEL DU CITOYEN FRANÇAIS. Recueil des Constitutions qui ont régi la France depuis 1791 jusqu'à ce jour, contenant la corrélation de tous les articles entre eux et suivi des Constitutions des États-Unis d'Amérique et d'une table méthodique et raisonnée par ordre alphabétique des matières, par M. Teulet, avocat à à la Cour d'appel ; 1 vol.　　3 fr. 50 c.

LIVRE DES ENTREPRENEURS et concessionnaires de travaux publics, de Th. Chevalier, nouvelle édition revue et corrigée par M. E. Delvincourt, avocat au Conseil d'état et à la Cour de cassation; 1 vol. in-12.　　2 fr.

COMMENTAIRE SUR LA CHARTE CONSTITUTIONNELLE, par Berriat-Saint-Prix, docteur en droit; 1836 ; 1 vol. in-8.　　3 fr.

RECUEIL DES PRINCIPES DU DROIT ADMINISTRATIF ET DU DROIT PUBLIC qui se rattache à l'administration, par Laffon de Ladebat; 1 vol. in-8.　　6 fr. 50 c.

TRAITÉ DE LA LÉGISLATION SPÉCIALE DU TRÉSOR PUBLIC, en matière contentieuse, par M Dumesnil, avocat à la Cour de cassation; 1846, 1 vol. in-8.　　7 fr. 50 c.

Paris. — Imprimerie de Wittersheim, rue Montmorency, 8.

9 782013 487436